DÉPARTEMENT DES BOUCHES-DU-RHONE

ASSOCIATION DES VUIDANGES D'ARLES

NOUVELLE EXPERTISE GÉNÉRALE

POUR

LA RÉPARTITION DES CHARGES DE L'ASSOCIATION

PAR MM. GAUTIER-DESCOTTES, RONDEL & RICOUR

RAPPORT DES EXPERTS

AVIGNON

IMPRIMERIE ADMINISTRATIVE GROS FRÈRES, RUE GÉLINE, 3 et 5.

—

1872

DÉPARTEMENT DES BOUCHES-DU-RHONE

ASSOCIATION DES VUIDANGES D'ARLES

NOUVELLE EXPERTISE GÉNÉRALE

POUR

LA RÉPARTITION DES CHARGES DE L'ASSOCIATION

PAR MM. GAUTIER-DESCOTTES, RONDEL & RICOUR

RAPPORT DES EXPERTS

AVIGNON

IMPRIMERIE ADMINISTRATIVE GROS FRÈRES, RUE GÉLINE, 3 et 5.

—

1872

Ⓒ

13985

DÉPARTEMENT DES BOUCHES-DU-RHONE

ASSOCIATION DES VUIDANGES D'ARLES

NOUVELLE EXPERTISE GÉNÉRALE

POUR

LA RÉPARTITION DES CHARGES DE L'ASSOCIATION

PAR

MM. GAUTIER-DESCOTTES, RONDEL & RICOUR

RAPPORT DES EXPERTS

PRÉLIMINAIRES

Nous, soussignés :

GAUTIER-DESCOTTES (Achille), notaire et propriétaire agronome, domicilié à Arles, département des Bouches-du-Rhône,

RONDEL (Alfred), ingénieur des ponts et chaussées chargé du 4ᵉ arrondissement du Service spécial du Rhône, domicilié à Avignon, département de Vaucluse,

Et RICOUR (Théodore), géomètre à Uzès, département du Gard,

Experts nommés par arrêté de M. le Préfet des Bouches-du-Rhône du 12 mars 1862, sur la présentation du Syndicat central de l'Association des Vuidanges d'Arles, selon sa délibération du 26 janvier 1862, et conformément aux dispositions de l'art. 64 du règlement de ladite Association en date du 31 juillet 1851, pour procéder à la répartition des charges communes, par une nouvelle expertise générale, ayant pour but d'assigner à chaque parcelle une quote-part proportionnelle au bénéfice qu'elle a retiré et qu'elle continuera à retirer du dessèchement, objet et fin dernière de l'Œuvre ;

Cette nomination ayant eu lieu par suite d'un jugement de la Commission spéciale du Syndicat des Vuidanges d'Arles, à la date du 8 novembre 1860, rejetant et annulant le travail présenté le 25 mars 1855 par MM. Pascal, Dombre et Sauze, premiers experts nommés aux mêmes fins par arrêté préfectoral du 22 novembre 1853 ;

Après avoir prêté serment le 16 mars 1863, devant M. le Secrétaire général de la Préfecture des Bouches-du-Rhône, d'accomplir loyalement notre mission ;

Après avoir pris les indications de M. le Directeur du Syndicat central et de M. l'Ingénieur de l'arrondissement d'Arles, recueilli et étudié tous les documents mis par eux à notre disposition, tant sur l'état présent que sur le passé de l'Association des Vuidanges d'Arles et des ouvrages qui en dépendent ;

Après avoir parcouru maintes fois, à diverses époques et dans tous les sens le territoire compris dans le périmètre de l'Association ;

Après avoir provoqué et reçu tous renseignements, explications et observations propres à nous éclairer ;

Après avoir fait une étude particulière des contrats et traités de 1619, 1642 et 1678, du cadastre de 1683, des délibérations et de l'ordonnance royale de 1827, du décret réglementaire du 31 juillet 1851, et enfin des plans, registres et rapports présentés en 1855 par les experts qui nous ont précédés ;

Après nous être enfin longuement et fréquemment réunis jusqu'à ce jour, soit à Arles, soit à Avignon, pour étudier, discuter et arrêter tous les points de l'important travail qui nous était confié ;

Avons l'honneur de présenter le rapport suivant comme le résultat consciencieux de nos études et de nos délibérations.

I. PRÉCIS HISTORIQUE

De l'Association des Vuidanges d'Arles, avant l'année 1872.

Les experts de 1855 ont donné dans leur rapport une histoire détaillée et très intéressante de l'Association des Vuidanges d'Arles, qu'il serait inutile de reproduire ici. Nous nous bornerons donc à rappeler les différents actes et faits successifs dont l'étude a dirigé nos appréciations.

1° Autorisation donnée le 16 février 1458 par le roi Réné, comte de Provence, à la ville d'Arles, d'imposer tous intéressés, sans exception, selon l'intérêt de chacun et au prorata de la dépense, pour l'évacuation des marais du *Trébon*, du *Plan du Bourg* et des *Coustières du Crau*. Autorisation du 16 février 1458.

2° Contrat unanimement voté le 31 décembre 1542 et promis sous la foi du serment, obligeant tous particuliers, toutes communautés, intéressés au dessèchement à contribuer en commun au travail de l'évacuation des eaux, dont les principaux émissaires sont déterminés. C'est le premier acte constitutif de l'Association des Vuidanges d'Arles, qui commence à fonctionner régulièrement de concert avec la ville, payant la moitié de la dépense. Contrat du 31 décembre 1542.

3° Transaction du 9 octobre 1619, par laquelle la Communauté d'Arles et le Corps des Vuidanges s'obligent à recevoir et conduire à la mer sur leur territoire, les eaux de Tarascon et lieux supérieurs, dans un Canal spécial qui subsiste encore, comme l'un des ouvrages les plus importants du dessèchement actuel, sous le nom de Vigueyrat, emprunté à l'ancienne Viguerie de Tarascon dont il écoule les eaux. Transaction du 9 octobre 1619.

4° Traité du 16 juillet 1642 passé entre le Corps des Vuidanges d'Arles et l'Ingénieur Van-Ens, pour compléter et assurer l'Œuvre du dessèchement Traité du 16 juillet 1642.

par les soins et aux frais dudit Van-Ens, moyennant cession à son profit des 2|3 des Paluds, marais et terres inondées qu'il aura desséchés, et obligation d'une rente perpétuelle déterminée, pour les propriétaires des terres de Coustières non constamment couvertes par les eaux.

Ce traité fut exécuté suivant les conditions convenues de part et d'autre.

L'Œuvre de Van-Ens était à peu près semblable à celle qu'on voit fonctionner aujourd'hui, moins les améliorations considérables apportées à l'ensemble du dessèchement par la création du Canal de navigation d'Arles à Bouc et celle du Canal de la vallée des Baux, dont il sera question ci-après. Elle comprenait, d'une part, le Vigueyrat agrandi et prolongé, conduisant entre ses digues les eaux de Tarascon à travers le territoire d'Arles, et d'autre part, la *Vuidange*, colateur principal du dessèchement, recevant de nombreux canaux secondaires, coulant à côté du Vigueyrat dans la partie inférieure de son cours en aval d'Arles et se rendant comme lui dans l'Étang du *Landre* et de là dans celui du *Galejon* et à la mer, au moyen de la communication établie par les canaux des *Gazes*. Ce système, malheureusement imparfait, à cause de la longueur et de la profondeur insuffisantes données à la Vuidange et au Vigueyrat dans la traversée difficile et coûteuse des poudingues de la Crau, était complété par diverses roubines transversales vers le Rhône, permettant d'activer l'écoulage pendant les étiages du fleuve.

Contrat du 4 janvier 1678. 5° Contrat du 4 janvier 1678, entre le Corps des Vuidanges et les associés ayants-droit et successeurs de Van-Ens (aujourd'hui communément désignés sous le nom de *Dessicateurs*) pour la remise en bon état et à frais communs des ouvrages du dessèchement et pour leur entretien à perpétuité, réfection en cas de ruine et dépérissement partiel ou total, par les soins du Corps des Vuidanges, avec répartition des dépenses dans les rapports de 2|3 pour celui-ci et de 1|3 pour les dessicateurs.

Cadastre du 2 août 1683. 6° Répartition des dépenses d'entretien du Corps des Vuidanges par le cadastre du 2 août 1683, entre tous les intéressés au dessèchement, situés aux quartiers du Trébon, Plan du Bourg et Coustières de Crau, dans la proportion du bénéfice que chacun recevait des *ouvrages anciens et nouveaux en l'état que le tout se trouvait alors*. Ce cadastre ne comprend pas, bien entendu, les dessicateurs imposés en Corps et se réglant entre eux, pour le tiers des dépenses qu'ils avaient à fournir, conformément au contrat de 1678 ;

7° Après bien des abus, bien des négligences, faisant dépérir le dessèchement, ainsi qu'il est formellement établi dans le rapport officiel de l'ingénieur Bernardy du 29 avril 1733, moins de 90 ans après le traité de 1642, l'Œuvre de Van-Ens fut complètement abandonnée et ruinée pendant les troubles de la 1ʳᵉ Révolution Française et le marais envahit de nouveau, jusqu'aux portes d'Arles, la plus grande partie du territoire primitivement desséché. Les renseignements les plus formels sont fournis à cet égard par l'Assemblée juridique du 6 février 1791, faisant ressortir la situation critique et l'État de délabrement où se trouvait alors le Corps des Vuidanges, état qu'avaient aggravé les dernières inondations du Rhône ; par l'Assemblée du 27 fructidor an III, (13 septembre 1795) signalant l'état de désorganisation totale, de délabrement et de désordre de l'Association livrée depuis deux ans aux manœuvres de particuliers sans droits et sans intérêts à la chose publique, qui avaient écarté par la terreur la majorité des associés les plus intéressés, abandonné complètement les ouvrages du dessèchement et dilapidé les fonds de la communauté ; par la pétition des Commissaires des Vuidanges au Ministre de l'intérieur, le 29 thermidor an IX (17 août 1801), insistant sur la détresse de l'Association, le retour de la plupart des terrains primitivement desséchés à l'état marécageux, et l'impossibilité pour les propriétaires accablés sous le poids d'une énorme dette, soit de faire face aux dépenses nécessaires pour le rétablissement des ouvrages du dessèchement, soit d'abandonner à de nouveaux dessicateurs, une notable partie de leur patrimoine, implorant enfin le secours de l'État pour la réfection de l'Œuvre de Van-Ens. Cette situation déplorable est enfin confirmée par le rapport très-complet de l'Ingénieur en chef Bondon, à la date du 30 ventôse an XI, décrivant les marécages considérables, reconstitués dans toute l'étendue du territoire d'Arles, au-dessus et

Désorganisation, ruine et abandon de l'Œuvre des Vuidanges, pendant la 1ʳᵉ révolution française.

au-dessous de la ville, indiquant les ouvrages exécutés jadis pour en opérer le dessèchement et proposant en outre de divers moyens d'amélioration, dont la mention serait ici sans intérêt, le rétablissement des canaux de Van-Ens, complétés par le creusement du canal de navigation projeté d'Arles à Bouc.

Rejet de la demande en concession de la compagnie Decroy par la délibération du 9 floréal an XIII. — Décret du 4 prairial an XIII.

8° Une demande en concession de dessèchement formée par la Cie Decroy, en application de la loi du 5 janvier 1791, vint tirer le Corps des Vuidanges, menacé dans son existence et dans ses propriétés, de l'état de stagnation où il était tombé ainsi que la plupart des terres comprises dans son périmètre. Une Assemblée générale réunie le 9 floréal an XIII, prit une délibération fortement motivée à l'effet de repousser la demande de la Cie Decroy. En même temps pour assurer le succès de son opposition, elle adopta un ensemble de résolutions concernant la réorganisation de l'Association et le rétablissement et l'entretien des anciens ouvrages du dessèchement depuis trop longtemps abandonnés. Les dispositions ainsi manifestées par le Corps des Vuidanges, eurent le résultat désiré ; la demande de la Cie Decroy fut écartée, et le décret impérial du 4 prairial an XIII vint peu après reconstituer sur des bases plus solides l'Association des Vuidanges en même temps que d'autres Associations territoriales d'Arles et de N.-D.-de-la-Mer.

État de langueur de l'association des Vuidanges jusqu'en 1827.

9° Ainsi réorganisée, l'Association des Vuidanges put mettre de l'ordre dans ses affaires et aviser au paiement de son arriéré, ainsi qu'à la rentrée des cotisations en retard depuis 1791, dont l'état approuvé par arrêté préfectoral du 24 février 1807, s'élevait dès la fin de l'année 1805 à la somme de 355,341 fr. Mais on n'entreprit guère alors que de simples travaux partiels, dont les résultats certainement appréciables et avantageux pour quelques intéressés furent bien loin, cependant, d'amener la délivrance du sol submergé. La réfection complète du dessèchement eût exigé des dépenses énormes de la part d'une Association grandement obérée et appauvrie, et l'œuvre languit malheureusement pendant bien des années encore jusqu'à sa véritable renaissance, produite par l'achèvement du canal de navigation d'Arles à Bouc, disposé de manière à recevoir les eaux des marais de l'Association.

II. ÉTAT ACTUEL

De l'Association des Vuidanges d'Arles.

C'est en 1827 que commence cette renaissance, ou mieux, la renovation complète, la constitution définitive de l'œuvre du dessèchement des marais d'Arles. Jusqu'à cette époque nous venons de voir que les travaux de Van-Ens, n'avaient pu donner que des résultats incomplets et intermittents, bien que considérables, eu égard aux difficultés à vaincre. Ces résultats avaient disparu par suite de l'abandon des travaux pendant la première Révolution. Les efforts tentés depuis lors n'avaient pu aboutir qu'à des réfections ou restaurations partielles d'un effet très limité. Comme on peut s'en convaincre en lisant l'importante délibération des 4-5 mars 1827, la situation était vraiment lamentable et les marais couvraient la plus grande partie du territoire d'Arles, sur la rive gauche du Rhône, compromettant la santé d'une nombreuse et intéressante population, en même temps qu'ils ruinaient une plaine immense dont chacun admire aujourd'hui la fertilité.

Nous avons déjà dit que l'œuvre de Van-Ens, parfaitement conçue en principe et dans son ensemble, pêchait notamment vers son extrémité aval, où les difficultés d'un passage forcé à travers les roches de poudingue de la Crau, n'avaient pas permis à l'éminent dessicateur de donner la largeur et surtout la profondeur indispensables aux deux grands émissaires du dessèchement: le Vigueyrat et la Vuidange. De là, nécessité d'ouvrir de nombreuses roubines transversales, devant porter au Rhône les eaux surabondantes que le Vigueyrat et la Vuidange ne pouvaient écouler, et de fréquents arrêts dans le fonctionnement du dessèchement, alors que les eaux du Rhône étaient trop relevées pour recevoir les colatures des marais.

Cette imperfection grave avait été signalée plusieurs fois par les hommes

Situation générale de l'Association avant la mise à exécution des travaux d'achèvement du canal d'Arles à Bouc.

2

compétents, préoccupés de l'amélioration ou de la restauration de l'œuvre de Van-Ens. Le remède à appliquer entraînait malheureusement une dépense énorme, que l'Association des Vuidanges écrasée par ses dettes et ruinée par l'inondation, était hors d'état de supporter.

Une circonstance des plus favorables vint heureusement fournir enfin le moyen de mettre un terme à la situation déplorable dans laquelle végétait cette malheureuse association. Ce fut la mise à exécution, en vertu de la loi de 1822, des travaux d'achèvement du canal de navigation d'Arles à Bouc, depuis longtemps signalés comme la véritable clef du dessèchement, dans le rapport précité de M. l'Ingénieur en chef, Bondon. Une nouvelle étude de MM. les Ingénieurs en chef, Poulle et Bouvier, présentée à la date du 25 janvier 1826, établit la possibilité de recevoir les eaux des marais dans le canal en construction, en en remontant le bief intermédiaire jusqu'à un point rapproché de la ville d'Arles, au lieu dit de *la Moncalde*. Le surcroît de dépense à en résulter pour l'Etat était évalué par les auteurs du projet à 263,000 fr.

Délibération des 4-5 mars et ordonnance royale du 29 mai 1827. Les propositions de MM. Poulle et Bouvier, devinrent la base d'un traité entre l'Etat et l'Association des Vuidanges, qui fut délibéré solennellement dans l'Assemblée générale des 4 et 5 mars 1827, et homologué par l'ordonnance royale du 29 mai suivant.

Nous croyons intéressant de donner ici les termes mêmes de cet acte important, véritable point de départ de la reconstitution et de la prospérité actuelle de la grande œuvre du dessèchement des marais d'Arles.

« ART. 1er. — Le plafond du canal de navigation d'Arles à Bouc, sera » creusé et maintenu à perpétuité à deux mètres au-dessous de la basse » mer, depuis le pont de Bouc, jusqu'à l'écluse de *l'Étourneau*, et à un mètre » au-dessous de la basse mer, depuis l'écluse de l'Etourneau jusqu'au pont » de *Moncalde*, de manière que le plan de flottaison du canal, considéré » dans son étiage et hors les cas de l'écoulement des marais et du refoulement.

» de la mer, soit au niveau de la basse mer en aval de l'écluse de l'Etour-
» neau et à un mètre au-dessus de cette même basse mer, entre l'écluse de
» l'Etourneau et le pont de Moncalde. Les eaux de la rive droite du canal
» seront portées et reçues dans le canal à l'aide d'un contrefossé de deux à
» trois mètres de largeur au plafond et de coupures armées de vannes, mé-
» nagées dans le Corps de la digue, de 3,000 mètres en 3,000 mètres de
» distance ; celles de la rive gauche en amont de Meyranne, déboucheront
» dans le canal par deux aqueducs armés aussi de vannes et pratiqués sous le
» Vigueyrat, l'un à Moncalde et l'autre, soit au coude du Clapier, soit sur le
» travers de Meyranne, aux frais et au choix de l'Association des marais
» d'Arles; et depuis Meyranne jusqu'à l'Etourneau, les eaux de la même rive
» gauche seront versées dans le canal par un entrefossé et des coupures
» armées de vannes, ménagées dans la digue gauche du canal, ainsi qu'il a
» été dit pour la rive droite ; lesdits travaux outre que les aqueducs seront
» exécutés aux frais de l'Etat, conformément aux projets arrêtés par le Direc-
» teur général des Ponts et Chaussées, sur l'avis du Conseil général des Ponts
» et Chaussées du 6 mai 1826.

» Art. 2. — La somme de 263,000 fr. pour laquelle l'Association des
» *Vuidanges des eaux de Trébon, Plan du Bourg et Coustières de Crau* et des
» successeurs de *Van-Ens* a pris l'engagement de concourir aux frais des
» travaux indiqués dans l'article précédent, sera versée en cinq paiements
» égaux ; le premier lorsque les déblais du bief qui commence à l'écluse de
» l'Etourneau, et doit se terminer à celle de la Moncalde, seront entièrement
» exécutés, jusqu'à cette dernière écluse et que le canal aura été mis en état
» de recevoir les eaux de la Vuidange ; le second, après l'exécution de
» l'écluse de la Moncalde ; le troisième, après l'ouverture du canal entre
» l'écluse de Moncalde et le Rhône; le quatrième, après [la construction de
» l'écluse d'accession au Rhône ; le cinquième et dernier, un an après
» l'achèvement de cette écluse.

» Art. 3. — Les dispositions précédentes sont exclusivement applicables

» aux marais dont le dessèchement est actuellement l'objet de l'Association
» des Vuidanges des eaux du Trébon, Plan du Bourg et Coustières de Crau et
» des successeurs de J. Van-Ens. »

Ces dispositions sont entièrement conformes à celles qui avaient été délibé-
rées dans l'Assemblée générale des 4-5 mars 1827. (Art. 1 et 2). La même
délibération portait en outre, (art. 4), avec le consentement des dessicateurs,
une dérogation importante au contrat de 1678, d'après lequel ceux-ci n'étaient
tenus qu'à payer le tiers des dépenses de tous travaux d'entretien ou de
réfection des ouvrages du dessèchement. Conformément à l'article précité, les
dessicateurs renoncèrent exceptionnellement à ce privilége en ce qui concernait
l'indemnité réclamée par l'Etat, et le paiement des ouvrages mis à la charge
de l'Association, pour conduire les eaux des marais dans le canal de navigation, et s'obligèrent à concourir à ces dépenses dans la proportion de leur
intérêt, conformément à l'article 2 de la loi du 14 floréal an xi.

Cadastre de 1834.   Comme première conséquence des stipulations de l'acte de 1827, l'Association des Vuidanges devait se mettre en mesure de réaliser les voies et moyens
nécessaires, soit à l'exécution des travaux laissés à sa charge, soit au paiement
de la contribution due à l'Etat. A cet effet, par une délibération du 19 juin 1831,
elle chargea trois experts, MM. Vérot, Durand et Nalis, de la répartition entre
tous les intéressés de la somme à imposer pour ces deux objets. Le cadastre
de 1683 toujours en vigueur pour les dépenses ordinaires ne pouvait être
appliqué dans le cas présent. Il ne comprenait pas les dessicateurs, qui en-
traient en bloc et pour un tiers dans la répartition des dépenses d'entretien, et
il n'y avait d'ailleurs certainement pas identité entre l'intérêt au dessèchement
de 1642, qui avait servi de base aux appréciations des experts de 1683 et
l'intérêt aux améliorations stipulées dans le traité de 1827. Il fallait donc un
nouveau cadastre spécial à l'objet qu'on avait en vue, tandis que le contrat de
1678 et le cadastre de 1683 continueraient à régler jusqu'à nouvel ordre la
répartition des dépenses ordinaires.

Ce cadastre spécial fut terminé et mis en vigueur dès l'année 1834. Il fixa à 3,700,000 fr. la plus-value des terres des.marais par suite de l'affectation du canal de navigation à l'œuvre du dessèchement, et à 400,000 fr. la dépense à faire par l'Association pour mettre son enclave en rapport avec le canal, en y comprenant les 263,000 fr. dus à l'Etat. Cette somme de 400,000 fr. fut répartie entre tous les propriétaires sans distinction ni privilége, au prorata de l'amélioration ou de la plus-value obtenue par chacun d'eux.

Les travaux exécutés suivant les conventions de 1827 avaient régénéré l'Association définitivement sortie de la déplorable situation dans laquelle elle avait langui si longtemps par suite des imperfections, et surtout de l'abandon du dessèchement de 1642. L'œuvre de Van-Ens, était non-seulement rétablie, mais agrandie et perfectionnée par la substitution à ses émissaires insuffisants, d'un grand canal en communication directe avec la mer, dont le niveau de flottaison était notablement inférieur à ceux de l'étiage du Rhône et de l'ancienne Vuidange, et qui pouvait recevoir en tous temps et en bien plus grande masse les eaux des marais d'Arles. Enfin, par le fait même de l'entretien par l'État du canal de navigation, cette œuvre était désormais placée à l'abri des chances d'abandon et de destruction qui avaient été sur le point de l'anéantir.

Du reste, on ne s'en tint pas là, et peu d'années après, l'Association des Vuidanges d'Arles réalisa une nouvelle et importante amélioration par l'homologation à la date du 25 septembre 1842 et la mise à exécution d'un traité passé par elle le 7 juin 1839 avec le corps des propriétaires de la vallée des Baux. Par ce traité, la vallée des Baux acquérait la faculté de conduire ses eaux dans le canal de Bouc au moyen d'un grand canal se substituant aux anciennes Roubines de la Fauque et de la Malespère et de la Vuidange entre la Malespère et Moncalde, suffisamment élargies et approfondies, avec obligation d'entretenir le nouveau canal à ses frais, de construire deux nouvelles ouvertures à l'aqueduc siphon de Moncalde, de payer 80,000 fr. à l'Association d'Arles, et enfin de ne jamais réclamer aucune plus-value des terres sises dans l'enclave de cette dernière, pour les avantages qu'elles

Améliorations successives de l'œuvre du dessèche-ment par la construction du grand canal de la vallée des Baux et par un nouvel approfondissement de 0 m. 50 c. du bief du Canal de navigation entre Moncalde et l'Étourneau.

retireraient de l'opération. Ainsi fut fait, et les avantages prévus se réalisèrent par une réduction dans les frais d'entretien annuels et surtout par la mise en communication facile et directe avec le canal de Bouc d'une bonne partie du bassin du Grand-Clar, du Petit-Trébon et du Petit-Clar, au moyen d'un grand et beau canal à large section et à pente insignifiante jusqu'à Barbégal.

Un dernier et important progrès restait à obtenir pour mettre l'œuvre du dessèchement dans l'état où nous la voyons fonctionner aujourd'hui. Il a été réalisé de 1856 à 1863 par un nouvel abaissement de $0^m 50$ opéré sur le plafond du canal de navigation entre les écluses de la Moncalde et de l'Etourneau, ainsi creusé à $1^m 50$ en contrebas du niveau de la mer ; de telle sorte qu'en temps calme et lorsqu'il n'y a pas un trop grand volume d'eau à écouler, le niveau des eaux à Moncalde ne s'élève pas notablement à plus de $0^m 50$ au-dessus de la mer et qu'en tous cas la différence dépasse rarement $0^m 75$ ou $0^m 80$. Cette importante opération qui a coûté 329,288 fr. 48 est le résultat de propositions faites les 2-17 août 1856 par les Associations de dessèchement d'Arles et de la vallée des Baux, approuvées par décision ministérielle du 21 octobre 1856 et d'après lesquelles l'Etat et les deux Associations intéressées à l'approfondissement en question devaient payer chacun le tiers de la dépense.

Nécessité pour l'Association des Vuidanges d'Arles d'un nouveau règlement et d'un nouveau cadastre. Nous sommes loin maintenant de la première période du dessèchement entre 1642 et 1789, plus loin encore de la période d'abandon et de dilapidation qui commence aux premiers troubles de la Révolution française et se prolonge bien après eux, laissant l'Association des Vuidanges entièrement envahie par les eaux, écrasée par ses charges et impuissante à se relever, simplement munie à cet effet du décret impérial de l'an XIII qui reconnaissait et réglait administrativement son existence et son fonctionnement, mais sans lui donner les moyens de rétablir ses ouvrages détruits ou submergés et de reconstituer l'œuvre de Van-Ens. Le traité de 1827 et les opérations subséquentes de l'Association avaient complètement effacé les misères antérieures. Le corps entier marchait régulièrement à de nouvelles améliorations et à un avenir assuré, et cependant une chose indispensable lui manquait encore, c'était d'avoir un règlement et un mode de répartition de dépenses en harmonie avec la situation nouvelle. Le cadastre de 1683 était toujours en vigueur en même temps que le décret do prairial an XIII, et l'un ne répondait pas plus, après une durée de 150 ans, à l'état nouveau de l'œuvre du dessèchement, que l'autre à ses besoins d'administration ferme, vigilante et régulière. Aussi de nombreuses plaintes s'élevaient de tous côtés ; de graves contestations menaçaient d'entraver la marche progressive de l'Association, tandis que tout le monde s'accordait pourtant à reconnaître que pour écarter et prévenir les abus, faire droit à de justes réclamations et assurer le fonctionnement régulier du corps des Vuidanges, il fallait un nouveau règlement et un nouveau cadastre.

Cette nécessité une fois reconnue généralement, la question fut mise à l'étude et après une longue et laborieusee instruction commencée dès 1843, après de sérieuses enquêtes, elle fut résolue huit ans plus tard par le décret du 31 juillet 1851 qui constitue le règlement actuel de l'Association des Vuidanges d'Arles.

Il serait superflu d'analyser ou même de résumer simplement ici toutes les dispositions de ce décret dont la plupart sont étrangères à l'objet spécial de notre mission. Nous n'en retiendrons pour les reproduire textuellement que les articles ou portions d'articles qui se rapportent plus spécialement à la répartition des dépenses et qui devaient, en conséquence, être l'objet d'une étude toute particulière de la part desexperts chargés d'encadastrer à nouveau les terrains compris dans l'Association.

Décret du 31 juillet 1851.

« ART. 1er. — Le corps de dessèchement des marais d'Arles, comprenant
» l'Association dite des Vuidanges des eaux du Trébon, Plan du Bourg et
» Coustières de Crau et les successeurs de Jean Van-Ens, auteur du dessèche-
» ment de 1642 est maintenu, sauf les modifications dont il sera parlé ci-
» après pour l'entretien et l'amélioration de l'œuvre dudit Van-Ens, modifiée
» suivant les engagements résultant des causes énoncées dans l'ordonnance
» du 29 mai 1827 et dans le traité fait le 7 juin 1839 avec la Compagnie de la
» Vallée des Baux.

» Art. 2. — Ladite œuvre continuera à former comme par le passé un
» seul tout indivisible et les dépenses de son entretien mises en commun
» seront réparties sur tous les intéressés, conformément aux accords faits entre
» les parties et qui sont écrits aux actes des 16 juillet 1642 et 4 janvier 1678,
» au cadastre du 2 août 1683 et dans la délibération, contrat du 5 mars
» 1827. — En conséquence, la répartition des charges sera faite par une
» nouvelle expertise générale ayant pour but d'assigner à chaque parcelle
» une quote-part proportionnelle au bénéfice qu'elle a retiré et qu'elle conti-
» nuera à retirer du dessèchement, objet et fin dernière de l'œuvre, ce qui
» s'effectuera en prenant pour base de l'avantage obtenu jusqu'en 1827, épo-
» que du traité avec l'Etat, les contrats de 1642 et 1678, ainsi que le cadastre
» de 1683, et pour base des améliorations postérieures, les résultats produits
» pour chacun par les ouvrages ajoutés à l'œuvre ancienne de Van-Ens, ou
» par les agrandissements et perfectionnements des diverses parties de cette
» œuvre.

» Les parcelles provenant des dessicateurs, successeurs de Van-Ens,
» feront partie de ladite expertise générale et seront cotisées en raison de
» leurs intérêts et de leurs droits, conformément aux bases désignées dans
» le paragraphe précédent.

» Art. 4. — Tout ce qui a rapport à la dette ancienne de la partie du Corps
» de dessèchement connue sous le nom d'Association des Vuidanges des
» eaux du Trébon, Plan du Bourg et Coustières de Crau, sera administré ex-
» clusivement par le Syndicat central, avec cette différence que les membres
» du Syndicat qui seraient du nombre des successeurs de Van-Ens, étant
» sans intérêt dans la dette en question, ne prendront point part aux délibé-
» rations relatives à cet objet et y seront remplacés par les suppléants de l'As-
» sociation intéressée.

» Art. 5. — Le paiement des intérêts et celui du capital de la dette, en cas
» de remboursement, continueront à être répartis d'après les bases anciennes
» sur ceux qui l'ont contractée.

» Art. 52. — Il y aura une matrice de rôles générale et unique pour tout
» le Corps de dessèchement, dans laquelle chaque intéressé aura tout ce qui
» le concerne réuni dans un seul article détaillé, présentant les différentes
» parcelles qu'il possède dans chaque bassin, avec les cotisations afférentes
» à ces parcelles ; 1° pour l'entretien des ouvrages anciens ; 2° pour l'entre-
» tien des ouvrages nouveaux ; 3° pour la dette.

» Art. 64. — L'expertise générale nouvelle, prescrite par l'art. 2 du
» présent règlement, sera confiée à trois experts, dont un géomètre, un ingé-
» nieur et un propriétaire agronome.

» Ces experts seront choisis par le Préfet, sur une liste triple de candidats
» pour chaque catégorie, proposés à la majorité des suffrages par le Syndicat
» central.

» Art. 65. -- Pour aider et guider les experts dans l'accomplissement de
» leur mandat, il leur sera soumis en outre des contrats, actes et documents
» qu'ils jugeront leur être nécessaires, une copie du tableau général des ca-
» naux et ouvrages d'art dont il vient d'être parlé à l'art. 63, et de plus un
» second tableau, dressé de même par l'Ingénieur du Gouvernement, présen-
» tant pour chacun des anciens canaux de Van-Ens qui ont été élargis ou
» approfondis depuis 1827, les dimensions primitives de ces canaux et leurs
» dimensions nouvelles. Ce second tableau indiquera encore et aussi exacte-
» ment qu'il sera possible de le faire, une estimation comparative des frais
» d'entretien de ces canaux dans chaque dimension.

» Art. 66. — Le travail des experts terminé, la nouvelle matrice cadas-
» trale, faite par eux, demeurera déposée pendant un mois aux Archives du
» Syndicat central pour y être communiquée aux intéressés, afin qu'ils puis-
» sent faire leurs observations et réclamations sur un registre ouvert à cet
» effet ; avis de ce dépôt sera publié et affiché par les soins du Syndicat.

» A l'expiration du mois, le tout sera soumis à la Commission spéciale qui
» prononcera après avoir entendu les experts.

3

Il est bon d'ajouter en finissant cet exposé que le deuxième alinéa du présent art. 66 n'est plus applicable. D'après l'art. 26 de la loi du 21 juin 1865 sur les Associations syndicales s'appliquant aux Associations déjà existantes en vertu des lois du 16 septembre 1807 et du 14 floréal an xi, et conformément aux instructions et décisions interprétatives qui ont suivi cette loi de 1865, toutes les attributions contentieuses des anciennes Commissions spéciales ont été conférées aux Conseils de Préfecture seuls appelés à statuer désormais sur les contestations relatives à la fixation du périmètre des terrains syndiqués, à leur classement et à la répartition des charges syndicales. C'est donc maintenant au Conseil de Préfecture des Bouches-du-Rhône que devra être soumis le dossier de la nouvelle expertise, pour être statué par lui sur les observations et réclamations des intéressés, après l'enquête ordonnée par le premier alinéa du même article 66.

III. EXPERTISE DE 1855.

L'un des premiers effets du décret de 1851 fut la nomination des experts chargés de préparer le nouveau cadastre de l'Association. Ce furent MM. les Ingénieurs en chef des Ponts-et-Chaussées, Pascal et Dombre et M. Sauze, chef de division à la Préfecture des Bouches-du-Rhône, présentés par le Syndicat central, selon sa délibération du 13 novembre 1853 et nommés experts par arrêté préfectoral du 22 du même mois.

Nomination des premiers experts chargés de préparer le nouveau cadastre de l'Association.

Le rapport d'expertise de ces Messieurs, résultat incontestable d'un long et consciencieux travail, porte la date du 25 mars 1855. Il est accompagné de deux registres de classement, l'un simple traduction du cadastre de 1683 avec distraction des propriétés légalement déclassées depuis lors, l'autre comprenant tous les terrains intéressés en 1855 à l'œuvre du dessèchement, plus d'un atlas ou série de 18 grandes cartes parcellaires extraites du cadastre communal, complétées par un nivellement général très détaillé et indiquant tous les ouvrages et tous les terrains compris dans le périmètre de l'Association.

Travail présenté par eux pendant les années 1855, 1857 et 1859.

Les mêmes experts présentèrent successivement un second rapport, à la date du 8 septembre 1855, sur les observations déposées à l'enquête ouverte sur leur premier travail, un nouveau registre dressé le 30 novembre 1857, sur la demande de la Commission spéciale et donnant la classification de 1683, étendue par analogie aux propriétés des dessicateurs et aux terres nouvellement incorporées, et enfin un rapport supplémentaire du 1er octobre 1859 destiné à fournir à la Commission spéciale les renseignements demandés par elle sur les rapports adoptés dans l'expertise entre le classement et la hauteur des terres dans les diverses parties du territoire encadastré.

Nous n'insisterons pas sur ces dernières productions des experts qui nous ont précédés, fournies par eux très-probablement à contre-cœur à la Commission spéciale qu'ils croyaient disposée à rejeter leurs propositions. Ils n'y ont sûrement pas apporté les soins et la netteté qui distinguent leur premier travail. Nous n'y avons point enfin trouvé d'éléments intéressants de discussion ou de comparaison pour celui que nous avions nous mêmes à présenter.

Mais il n'en est pas de même, bien loin de là, du rapport du 25 mars 1855, à l'appui du cadastre présenté à cette date, et nous croyons indispensable de donner ici une analyse raisonnée de ce travail, aussi bien que du jugement de la Commission spéciale qui l'a annulé. Ce sera d'ailleurs une excellente entrée en matière pour la discussion par laquelle nous devons arrêter à notre tour les bases de la nouvelle expertise.

Analyse du rapport d'expertise du 25 mars 1855. Ce rapport présente d'abord un long et intéressant exposé historique de l'Association des Vuidanges d'Arles. Il traite ensuite l'affaire même de l'expertise qui y est présentée et discutée sous la forme de deux questions principales : 1° *Les charges anciennes* ou *la dette* ; 2° *Les charges actuelles* ou *l'entretien*.

PREMIÈRE QUESTION. — Les charges anciennes ou la dette. (Cadastre de 1683). Sur la 1re question, aucun doute ne paraît possible aux auteurs du rapport analysé. Conformément à l'article 5 du décret de 1851, ils pensent donc que la dette représentant les dépenses de l'Association aux diverses époques de son existence doit être payée par ceux qui l'ont contractée. Les charges qui en résultent doivent par conséquent être réparties sur les anciens propriétaires, d'après les bases anciennes, c'est-à-dire, celles du cadastre de 1683.

Pour préparer la matrice spéciale de la dette, conformément à l'article 52 du décret précité, il fallait donc procéder à un dépouillement laborieux du cadastre de 1683, avec application sur les plans parcellaires et traduction des anciennes mesures de terres en mesures métriques. Les experts de 1855 ont effectué cet important travail en élaguant du cadastre ainsi modernisé les terres déjà dégrevées anciennement par des actes, des contrats, des conventions en règle et reconnues comme trop peu, ou trop incertainement intéressées pour que leur incorporation fut motivée. Telles sont par exemple les

terres de la Baisse-d'Aubert et du Mont-d'Argent et surtout les vastes étendues
du Lagarez ou de la Légaresse dans la partie inférieure du territoire en aval
du Mas-Thibert, jusqu'aux confins de la commune de Foz. Il était bien entendu d'ailleurs qu'une partie des terres ainsi distraites de l'ancien cadastre
et reconnues intéressées à l'œuvre nouvelle, telle qu'elle a été constituée et
améliorée depuis 1827, devait être reprise dans le nouveau cadastre. C'est ce
qu'ont fait les experts de 1855, comme nous le faisons nous-mêmes aujourd'hui.

Le cadastre de 1683 applicable à la dette, ainsi modifié par les anciens dégrèvements successifs et dûment justifiés, dont il vient d'être question, traduit en mesures modernes et conservant toutefois ses classes et ses degrés
d'intérêt, se résume dans les chiffres du tableau suivant, donnant en présence,
les contenances actuelles et les contenances primitivement incorporées par
les experts de 1683.

Cadastre de 1683.

DÉSIGNATION des classes	Coefficients ou degrés d'intérêt de chaque classe.	CONTENANCES actuelles par classes.			CONTENANCES PORTÉES au rapport des experts de 1683			DIFFÉRENCES OU CONTENANCES des terres dégrevées depuis 1683.		
		hect.	ares	cent.	hect.	ares	cent.	hect.	ares	cent.
1re	20	625	00	69	634	86	15	9	85	46
2e	15	377	59	73	417	46	52	39	86	79
3e	12	487	81	14	518	47	27	30	66	13
4e	9	530	02	22	619	90	98	89	88	76
5e	7	245	59	93	247	72	38	2	12	45
6e	5	626	37	53	685	67	82	59	30	29
7e	4	1.393	98	72	1.499	90	72	105	92	00
8e	3	331	26	11	348	75	77	17	49	66
9e	2	671	60	08	778	21	72	106	61	64
10e	1	117	22	13	1.397	58	74	1.280	36	61
TOTAUX......		5.376	48	28	7.118	58	07	1.742	09	79

Le tableau précédent fait ressortir une différence en moins de 1,742 hect. 09
avec le total des surfaces encadastrées en 1683. Cette différence assez considérable est expliquée comme on l'a vu ci-dessus par les distractions qu'ont dû

opérer nos prédécesseurs de 1855. On remarquera qu'elle s'applique pour la plus grande part, près des 3/4, à des terres portées en 1383 à la 10ᵉ classe. Ce sont en effet celles qui alors étaient considérées comme les moins intéressées au dessèchement par des experts que la seule lecture de leur rapport montre comme trop disposés à pousser jusqu'aux limites les plus lointaines l'appréciation des bénéfices réalisés ou à réaliser par l'œuvre de Van-Ens. Rien d'étonnant qu'ils aient pu se faire illusion, à une époque où les bienfaits de cette œuvre toute imparfaite qu'elle pût être, constituaient un progrès immense sur l'état antérieur. On s'explique facilement dès lors l'importance des déclassements réclamés et effectués peu d'années après 1683.

2ᵉ QUESTION. — Les charges actuelles ou l'entretien. Les experts de 1855, passant ensuite à l'examen de la 2ᵉ question sur la répartition des charges actuelles, et interprétant les termes un peu ambigus du décret de 1851 et notamment de son article 2, ont considéré la nouvelle expertise générale dont ils étaient chargés comme absolument indépendante du cadastre de 1683, simple régulateur de la dette, ne pouvant avoir aucune autorité sur la répartition des charges actuelles, que la nouvelle expertise seule devait régir. Partant de ce principe ils sont entrés dans le fond de la question par un examen très bien raisonné, du périmètre proposé par eux.

Après une reconnaissance détaillée du périmètre actuel de l'Association, ils en ont retranché à bon droit une certaine quantité de terres élevées sur sa lisière extérieure, qui ne leur paraissaient pas profiter du dessèchement, et y ont compris au contraire des terrains qui non classés jusqu'alors, leur ont paru retirer une utilité réelle des ouvrages anciens et nouveaux par suite des perfectionnements que le canal de navigation a apportés à l'œuvre de 1642. C'est ainsi que des surfaces considérables, non améliorées à cette époque et par suite non classées, notamment autour des anciens étangs, ont été incorporées dans le nouveau cadastre. Ils ont également repris une partie des terrains régulièrement déclassés depuis 1683 qui leur ont paru profiter de l'œuvre reconstituée et améliorée. Parmi ces derniers s'en trouvait une certaine quantité appartenant au territoire de Tarascon et déjà comprise dans l'Association des Vuidanges de cette commune. Les auteurs du rapport que nous analysons les ont très justement maintenus et classés dans l'Association d'Arles, en raison de leur intérêt aux ouvrages de cette Association, intérêt qui n'a d'ailleurs jamais été contesté. Il y a là une question de principe qui est très bien traitée dans le rapport de 1855, (pages 43, 44 et 45) et dont la solution est que la même propriété peut très justement être imposée dans plusieurs communes et par plusieurs associations, s'il est avéré qu'elle retire un avantage réel des ouvrages de chaque association.

Après avoir ainsi arrêté leur périmètre, les experts de 1855 ont procédé au classement général de tous les terrains de l'enclave, explorés dans tous les sens, étudiés à tous les points de vue, d'après les renseignements recueillis sur les lieux, en tenant compte des côtes de nivellement, des chances de submersion accidentelle, des difficultés plus ou moins grandes de l'écoulement, du voisinage de la ville, des facilités d'exploitation, de toutes les circonstances, enfin, qui pouvaient guider leur appréciation. Telle est leur formule disent-ils ! Elle est malheureusement bien vague et malgré l'incontestable notoriété d'intelligence, d'intégrité et d'expérience de nos prédéceseurs, elle a motivé des demandes, d'explications auxquelles ils ne semblent pas avoir répondu d'une façon beaucoup plus précise et catégorique.

Quoiqu'il en soit, le classement de 1855, s'applique à 7,729 hect. 89 ares, 11 cent. comprenant la totalité de l'enclave imposable répartie en dix classes pour lesquelles on a maintenu les coefficients d'intérêt du cadastre de 1683.

Ce classement est résumé dans son ensemble par le tableau suivant, dans lequel nous avons distingué pour chaque classe, la part des dessicateurs et celle des propriétaires primitifs, ou nouvellement incorporés, désignés sous la rubrique générale d'*anciens propriétaires* :

Classement général de 1855.

DÉSIGNATION des classes.	Coefficients ou degrés d'intérêt de chaque classe.	CONTENANCES totales par classes.			CONTENANCES appartenant aux anciens propriétaires.			CONTENANCES appartenant aux dessicateurs.		
		hect.	ares	cent.	hect.	ares	cent.	hect.	ares	cent.
1re	20	1.149	53	66	295	13	17	854	40	49
2e	15	827	71	44	421	67	06	406	04	38
3e	12	1.354	29	22	1.151	21	80	203	07	42
4e	9	1.296	33	51	1.272	94	88	23	38	63
5e	7	1.390	22	20	1.379	45	20	10	77	00
6e	5	843	33	60	432	65	74	410	67	86
7e	4	555	45	49	555	45	49	»		
8e	3	32	72	55	32	72	55	»		
9e	2	4	41	58	4	41	58	»		
10e	1	275	85	86	275	85	86	»		
TOTAUX......		7.729	89	11	5.821	53	33	1.908	35	78

Ce classement une fois adopté, il s'agissait de l'appliquer à la confection de la matrice générale dont il est question à l'article 52 du décret de 1851. Pour cela les auteurs du rapport de 1855 se sont livrés d'abord à une discussion interprétative de cet article, dont les termes pris à la lettre, font pour l'entretien une distinction assez embarrassante entre les ouvrages anciens et les ouvrages nouveaux. Ils ont montré que cette distinction n'avait point de réalité sérieuse; que le traité de 1827 et les travaux de réfection et d'amélioration qui en étaient la conséquence avaient complètement renouvelé l'œuvre de Van-Ens abandonnée depuis longues années; que les anciens ouvrages reparus ou reconstitués et en tous cas notablement modifiés dans leur fonctionnement, étaient en quelque sorte devenus des ouvrages nouveaux par leur mise en rapport avec le canal de navigation; que c'était donc abuser des mots que de qualifier d'une manière absolue du nom d'ouvrages anciens des instruments améliorés à ce point par le dessèchement de 1827; qu'enfin il n'y avait guère dans l'Association, que le Vigueyrat qui eût conservé ce caractère, c'est-à-dire qui eût continué à fonctionner comme dans l'ancien système de dessèchement. Et encore, ajouterons-nous, ce cours d'eau important a-t-il été grandement restauré et amélioré depuis la construction du canal de navigation, qui en facilite notablement l'écoulement dans la partie la plus défectueuse de son profil et de son tracé en aval d'Arles.

Il semblait dès lors que nos prédécesseurs, renonçant à cette distinction combattue par eux, entre les ouvrages anciens et nouveaux, considéreraient les dépenses d'entretien dans leur ensemble, pour en opérer la répartition. Ils n'ont pas cru pouvoir appliquer ainsi les conséquences des prémisses qu'ils venaient de poser, et par une sorte de contradiction, ils ont admis, quelques lignes plus loin, que sur une dépense déterminée de travaux d'entretien, les ouvrages anciens compteraient pour 2/3 et les ouvrages nouveaux pour 1/3. Partant de cette hypothèse, ils ont ainsi posé les bases d'une matrice générale pour la répartition des dépenses de l'Association, évaluées par supposition à 36,000 fr., dont 18,000 fr. pour la dette et 18,000 fr. pour l'entretien réparti comme il vient d'être dit entre les ouvrages anciens et nouveaux, soit 12,000 fr. afférents aux anciens et 6,000 fr. aux nouveaux.

1° Les 18,000 fr. relatifs à la dette sont répartis entre les seuls anciens propriétaires maintenus au cadastre de 1683, à l'exclusion des dessicateurs.

2° Sur les 12,000 fr. afférents aux ouvrages anciens, les 2/3 ou 8,000 fr. sont répartis entre les anciens propriétaires et les nouveaux, incorporés compris au nouveau cadastre général, et le 1/3 restant, soit 4.000 fr. est laissé à la charge des dessicateurs, conformément à l'acte de 1678 et réparti entre eux suivant les proportions indiquées par leur classement dans le même cadastre.

3° Enfin les 6,000 fr. relatifs aux ouvrages nouveaux sont répartis entre tous les intéressés sans distinction d'anciens propriétaires et de dessicateurs, conformément aux indications du nouveau cadastre.

Tel est le résumé fidèle du travail des experts de 1855 sur lequel après de longues études et de nombreuses réunions, la Commission spéciale s'est prononcée définitivement par son jugement du 8 novembre 1860.

Jugement de la Commis-
sion spéciale du 8 no-
vembre 1860.

La Commission spéciale a rejeté ce travail,

Parce que les experts n'auraient pas justifié la différence en moins de 1,742 hectares existant entre le cadastre primitif dressé en 1683 et ce même cadastre traduit et appliqué par eux pour la répartition des charges de la dette ;

Parce que, dans la répartition des charges actuelles de l'entretien; ils ne se seraient pas conformés aux prescriptions de l'article 2 du décret de 1851 et n'auraient pas distingué les bénéfices anciens obtenus jusqu'en 1827 et cotisés par le cadastre de 1683, des bénéfices nouveaux réalisés depuis lors par les agrandissements et perfectionnements apportés à l'œuvre de Van-Ens ;

Parce que, contrairement aux intentions du même décret, ils auraient indûment appliqué leur nouveau classement à la répartition des charges d'entretien des ouvrages anciens, en appelant ainsi à y contribuer les nouveaux incorporés comme les anciens propriétaires, et ne faisant à cet égard aucun cas du cadastre de 1683, considéré par eux comme ne pouvant avoir d'autorité que sur les questions relatives au paiement de la dette ;

Parce que leur classement ne serait d'ailleurs basé sur aucun principe explicitement formulé, dont il soit possible de se rendre compte et notamment sur la comparaison du nivellement général avec la hauteur des eaux dans les divers bassins ;

Parce qu'ils n'auraient pas davantage justifié les bases des changements proposés par eux au périmètre primitif du dessèchement ;

Parce qu'enfin ils auraient appliqué leur cadastre général aux dessicateurs, aussi bien pour la répartition des charges anciennes, que pour la répartition des charges nouvelles, sans avoir égard aux stipulations des contrats et actes privés qui règlent actuellement cette répartition ; et parce que dans celle-ci, ils n'auraient pas tenu compte de l'infériorité naturelle des terrains désemparés aux dessicateurs après le dessèchement de 1642.

Ces motifs sont précédés ou accompagnés de nombreuses considérations et instructions parfois contestables ou même contradictoires et d'une application très difficile, qui aggravent ou développent les incertitudes et les incohéren--

ces d'une interprétation littérale du décret de 1851. Il serait d'ailleurs au moins superflu d'analyser et de discuter point par point ce long document. Aussi bien n'avons-nous pas à défendre ici l'œuvre de nos prédécesseurs, pas plus qu'il ne nous siérait de critiquer le jugement rendu contre elle, en toute impartialité par une réunion d'hommes éminemment honorables, dont la conscience et l'intégrité défient toute attaque, et cela précisément alors que la récente loi du 21 juin 1865, sur les Associations Syndicales, vient d'enlever à leur juridiction notre propre travail.

Du reste les principales questions ainsi soulevées par la Commission spéciale, sans qu'elle ait pu malheureusement les résoudre ont fait, entre les nouveaux experts, l'objet d'une discussion approfondie qui va être rapportée à l'appui de leurs propositions, et dans laquelle à défaut de bases certaines sur lesquelles ils auraient pu s'établir en toute sécurité, ils ont apporté comme leurs prédécesseurs, et comme la Commission spéciale, tout le contingent d'intelligence, de dévouement et d'expérience dont ils étaient capables.

IV. NOUVELLE EXPERTISE

Discussion des principes généraux qui doivent servir de base à l'Expertise. Nous voici enfin arrivés au terme de cette longue exposition préliminaire. Elle était indispensable pour nous amener à la meilleure solution du problème complexe soumis à nos investigations. Nous allons maintenant entrer dans le fond même de la question en arrêtant et définissant tout d'abord les principes généraux qui serviront de base à l'expertise.

Déjà, par la lecture des pages précédentes, on aura pu se rendre compte des embarras inextricables et des longues hésitations que doit produire une interprétation littérale des prescriptions du décret de 1851. Les experts de 1855 n'y ont pas échappé. Ces difficultés sont marquées à toutes les pages de leur rapport et dès qu'ils ont voulu s'en affranchir, tout en paraissant respecter des dispositions dont le sens littéral leur paraissait contraire à la réalité des choses, ils sont tombés dans la contradiction, en concluant d'une façon toute opposée à leurs prémisses. La commission spéciale, qui a rejeté leur travail, a encore accru les difficultés du problème en cherchant à l'expliquer. Collaboratrice du règlement de 1851 dont elle a dirigé l'instruction, elle a cru bien faire d'insister sur l'observation rigoureuse des termes de ce décret, et ses explications et instructions sur différents points qui paraissaient douteux, n'ont fait qu'augmenter les obscurités et les doutes en même temps que les difficultés, ou pour mieux dire les impossibilités d'application.

Aussi, n'est ce pas sans de longues hésitations, sans de nombreuses et interminables discussions reprises à chaque séance, que nous sommes enfin arrivés à fixer nettement notre conviction mûrie par une réflexion et une étude continue de plusieurs années.

En résumé, toutes les difficultés inextricables, dont on demande la solution, les incohérences qu'on veut relier, les contradictions qu'il faut accorder, proviennent d'une apparente distinction écrite au décret de 1851 et plus nettement formulée encore dans le jugement de la Commission spéciale entre :

1° Les bénéfices réalisés par le dessèchement ancien (celui de 1642) et ceux obtenus par suite du dessèchement nouveau (depuis 1827);

2° Les ouvrages anciens exécutés en 1642 par Van-Ens et les ouvrages nouveaux, conséquence du traité de 1827.

Eh bien, cette distinction est absolument impossible en pratique, en même temps qu'elle est sans aucune portée au point de vue de la répartition équitable des charges entre tous les intéressés.

Et d'abord, en ce qui concerne les bénéfices qualifiés d'anciens et de nouveaux, comment les apprécier séparément, ainsi que le marque expressément la commission spéciale ? On pourrait, certes, y arriver approximativement si l'œuvre de Van-Ens, régulièrement entretenue, jusqu'en 1827, avait alors été simplement améliorée par l'adjonction du canal de navigation ; si les marais desséchés en 1642 avaient conservé jusqu'à ce jour leur relief primitif, leurs anciennes divisions et leurs anciennes cultures, si rien n'avait été changé dans leur topographie et leur état agricole. Mais, même dans ce cas hypothétique, à quoi serviraient les appréciations distinctes qu'on pourrait faire des bénéfices anciens et des bénéfices nouvellement réalisés depuis 1827 ? Ne faut-il pas toujours en arriver à cotiser chaque intéressé proportionnellement au bénéfice total qu'il aura retiré du dessèchement ? A quoi bon dès lors diviser ce bénéfice total, seule base équitable et légale de la répartition des charges ? Tout se tient ici, tout est indivisible. Le propriétaire desséché en 1642 qui aurait réalisé un certain bénéfice, qui l'aurait vu augmenté ensuite par les améliorations de 1827, ne serait pas plus intéressé aujourd'hui que le propriétaire non desséché en 1642 et nouvellement incorporé dans l'Association, par suite de l'extension donnée au dessèchement par l'œuvre de 1827. La simple introduction du canal de navigation dans le fonctionnement des Vuidanges n'eût pas suffi à motiver l'incorporation de ce dernier. Il fallait encore que ses terres fussent mises en rapport avec le nouvel émissaire par les divers canaux de l'Association, qui lui rendent le même office qu'aux associés primitifs. Son intérêt à l'ensemble de l'œuvre est donc de même

Inutilité et impossibilité d'une distinction entre les bénéfices anciens et nouveaux.

nature que celui de l'ancien propriétaire. Et cependant il n'a réalisé qu'un bénéfice nouveau, qui est pour lui le bénéfice total en vertu duquel il doit être cotisé au même titre et sur les mêmes bases que l'ancien propriétaire.

Il n'y a pas lieu, du reste, d'insister sur ce genre d'argumentation. Le cas supposé est trop loin de la réalité. En fait, l'œuvre de Vans-Ens, déjà bien délaissée depuis plusieurs années, avait à peu près complétement disparu dans la tourmente de 1793. Les marais, primitivement desséchés, avaient été reconquis par les eaux et étaient encore en grande partie submergés en 1827, malgré les efforts insuffisants de l'Association qui n'avaient abouti qu'à quelques reconstitutions partielles de l'ancien dessèchement. Bien plus, de nombreuses inondations du Rhône avaient complété l'œuvre de cette longue submersion, déposant ici d'abondants colmatages, ravinant là, et modifiant ainsi sur plusieurs points le relief et la nature du sol primitif. Qu'on ajoute à cela les modifications accomplies dans l'état actuel, par la division des terres, les changements de culture, etc., et l'on verra qu'aucune comparaison n'est plus possible entre les marais desséchés de l'œuvre ancienne et la plaine d'Arles, telle qu'elle se présente aujourd'hui. Dans ces conditions, l'œuvre de 1827 n'est plus seulement une simple amélioration, c'est une vraie résurrection, une reconstitution complète dont tous les avantages constituent des bénéfices nouveaux, tandis que ceux qu'avait réalisés l'ancien dessèchement étaient depuis longtemps perdus.

Mêmes observations sur la distinction des ouvrages anciens et des ouvrages nouveaux. La prétendue distinction qu'on voudrait maintenir entre les ouvrages anciens du dessèchement et les ouvrages nouveaux, est tout aussi attaquable que celle que nous venons de combattre et ne peut résister à des arguments analogues.

Rien de plus simple à opérer que cette distinction, s'il s'agissait d'une œuvre en parfait état d'entretien, fonctionnant régulièrement, qu'on serait venu améliorer à un moment donné par un certain nombre d'ouvrages complémentaires destinés à garantir et à augmenter les résultats obtenus. Et encore quel serait le but d'une pareille distinction, puisque l'œuvre continuerait comme il est dit au décret de 1851, à former un seul tout indivisible dont les dépenses, mises en commun, devraient être réparties sur tous les intéressés ? A moins qu'on ne voulut répartir sur les anciens propriétaires seuls les charges d'entretien des ouvrages anciens, sans y faire participer les propriétaires récemment compris dans l'Association, par suite de l'extension donnée au desséchement par les ouvrages nouveaux. Mais ce serait là une injustice flagrante. Il est évident que les propriétaires nouvellement incorporés par suite de la création d'ouvrages nouveaux intimement liés aux anciens qu'ils complètent, utilisant aujourd'hui directement ou indirectement ces anciens ouvrages, partie intégrante de la nouvelle œuvre commune, devraient contribuer à leur entretien au même titre que les membres de l'Association primitive, seraient tenus de contribuer à celui des ouvrages nouveaux qui ont garanti ou amélioré le desséchement de leurs fonds. A quoi bon dès lors cette distinction d'anciens et nouveaux ouvrages, si tous doivent contribuer à l'entretien des uns et des autres dans la proportion du bénéfice ou de l'intérêt qu'ils tirent de leur ensemble ?

Mais comme dans l'argumention précédente relative à la distinction des bénéfices, ajoutons bien vite que le cas supposé n'existe pas. Les ouvrages primitifs de Van-Ens avaient à peu près complètement disparu en 1827, et le peu qui en restait mal entretenu ne fonctionnait que très imparfaitement. Comme l'on très bien dit les experts de 1855, le traité de 1827 a renouvelé entièrement l'œuvre de Van-Ens et ranimé ses débris. Les anciens canaux ont reparu ; mais tous modifiés par la nouvelle combinaison. Ceux même dont on n'avait point changé les dimensions ont tellement été améliorés dans leur fonctionnement, qu'ils sont en quelque sorte devenus des ouvrages nouveaux, par leur seule mise en rapport avec le canal de navigation. Nous pensons, comme nos prédécesseurs, qu'il y a lieu de tenir grand compte de cette considération, et que ce ne serait que par un véritable abus des mots qu'on pourrait qualifier d'une façon absolue du nom d'ouvrages anciens, des instruments ainsi améliorés par l'œuvre nouvelle.

Le Vigueyrat lui même, le plus ancien et le plus important des canaux de 1642 a été grandement modifié, renové par l'œuvre de 1827. Son emplacement a été occupé sur une certaine longueur par le canal de navigation dans lequel il verse une partie de ses eaux, et il a, de son côté, emprunté une notable portion de l'ancien lit de la Vuidange, devenu un émissaire tout à fait secondaire en aval de Moncalde. Enfin, son fonctionnement général a été grandement facilité et amélioré.

Les ouvrages nouveaux proprement dits sont nettement spécifiés dans l'ordonnance de 1827. C'est, d'une part, le canal de navigation et ses deux contrefossés construits et entretenus par l'Etat; et de l'autre, les acqueducs de Moncalde et de Meyranne, solides ouvrages en maçonnerie construits, il est vrai, par l'Association, mais dont les frais d'entretien peuvent être considérés comme à peu près complètement nuls.

Nous n'avons pas d'ailleurs à y comprendre le canal de la grande Meyranne, mettant l'étang de ce nom en communication avec le canal de navigation. Il a bien été établi postérieurement à 1827 pour assurer au bassin de Meyranne le bénéfice du nouvel écoulement; mais on a simplement emprunté pour cela les anciennes roubines de l'Hoste, des Esparciers et de Meyranne, suffisamment restaurées et agrandies. Pour cette cause, le canal de la Grande Meyranne dont les frais d'entretien sont d'ailleurs insignifiants, doit être considéré comme faisant partie du réseau des anciens ouvrages de l'Association.

Nous n'avons pas davantage à nous occuper dans cette énumération des nouveaux ouvrages du canal principal de la vallée des Baux, établi conformément au traité de 1839 sur l'emplacement des anciennes roubines de la Fauque et de la Malespère et entretenu d'ailleurs aux frais de l'Association des Baux.

En résumé, toutes les dépenses d'entretien de l'Association des Vuidanges d'Arles s'appliquent à des ouvrages anciens plus ou moins améliorés dans leurs dispositions ou tout au moins dans leur fonctionnement, mais tous ayant déjà fait partie de l'œuvre du dessèchement primitif. Les ouvrages nouveaux proprement dits sont le canal de navigation et ses contrefossés, le canal de la vallée des Baux et deux grands aqueducs en maçonnerie, et aucun d'eux ne coûte des frais d'entretien à l'Association des Vuidanges.

Ajoutons enfin que du tableau comparatif des canaux de l'Association avec leurs dimensions anciennes et nouvelles et leurs frais d'entretien dans les deux cas, tableau dressé conformément à l'article 65 du décret de 1851, il résulte :

1° Que plusieurs canaux de l'ancien dessèchement ont disparu ou ont été abandonnés comme inutiles dans l'œuvre nouvelle. Ce sont : d'importantes parties de la Vuidange remplacées par le canal de navigation et aujourd'hui occupées par le Vigueyrat, les roubines de la Fauque et de la Malespère occupées par le canal de la vallée des Baux, la roubine de Baussenque, le fossé des Semestres, la roubine de la Bibione, celle des Peyssonnes, le contre-fossé de Latilon, la roubine de Trauque-Sabate, celle de Véton, les fossés de la Font et d'Acquerria, les roubines de Caussette, de Cague-Argent et de Barbedaze et d'autres encore, peut être, oubliées dans cette nomenclature.

2° Que l'entretien des canaux conservés coûte environ 1/3 de moins aujourd'hui qu'anciennement.

Pourrait-on songer sérieusement, maintenant, à faire une distinction spécieuse entre les frais d'entretien ainsi grandement réduits, soit par suite de la suppression ou de l'abandon d'anciens canaux, soit par suite de l'écoulement plus facile de ceux qui ont été conservés, pour fixer arbitrairement la part qui en reviendrait à l'état ancien et celle qui serait le fait de l'état nouveau ?

De ces observations aussi bien que des faits rapportés précédemment découlent les principes suivants qui vont servir de base à notre expertise : **Définition des principes généraux de l'Expertise.**

1° La dette de l'Association qui a servi à payer ou à entretenir l'œuvre de l'ancien dessèchement abandonné et ruiné longtemps avant la reconstitution de 1827, doit rester à la charge des anciens propriétaires seuls et être répartie entre eux d'après la classification du cadastre de 1683 correspondant à l'état de choses pendant lequel elle a été contractée.

2° Les frais d'établissement et d'entretien de l'ancien dessèchement ont été payés par les anciens propriétaires, soit par la cession d'une partie de leurs terres désemparées aux dessicateurs, soit par la dette dont ils restent encore exclusivement chargés. — Le nouveau dessèchement ou l'œuvre de 1827, ont été payés par tous les intéressés, proportionnellement à l'intérêt de chacun, suivant les indications du cadastre spécial de 1834. Il reste les frais d'entretien de l'œuvre actuelle qui doivent être supportés par tous les intéressés anciens et nouveaux, sans distinction équitable et même possible entre les bénéfices anciennement réalisés et les nouveaux, entre l'intérêt aux ouvrages anciens et l'intérêt aux ouvrages nouveaux.

3° Les dessicateurs, exempts des charges relatives à la dette, doivent au même titre que tous les autres propriétaires intéressés, contribuer aux frais d'entretien actuels, mais seulement dans la proportion de 1/3 des dépenses, conformément à l'acte de 1678 et aussi à l'article 4 de la délibération du 5 mai 1827, qui ne consent une dérogation exceptionnelle à cet acte qu'en ce ce qui concerne la répartition des dépenses relatives à l'accession du canal de Bouc dans l'œuvre primitive, et maintient les stipulations dudit acte pour la répartition entre dessicateurs et anciens propriétaires des frais d'entretien et de réfection des anciens ouvrages, lesquels, reconstitués ou améliorés, restent seuls aujourd'hui à la charge de l'Association.

Conformités de ces principes avec l'esprit du décret de 1851. Ces principes sont d'ailleurs en conformité d'esprit avec le décret de 1851, basé lui-même à cet égard sur les lois du 14 floréal an xi et du 16 septembre 1807, qui veulent avec raison que les charges de toute Association syndicale soient réparties entre les intéressés proportionnellement à l'intérêt de chacun d'eux.

L'article 2 de ce décret qui a donné lieu à tant d'interprétations compliquées, exige avant tout que l'expertise générale *assigne à chaque parcelle une quote-part proportionnelle au bénéfice qu'elle a retiré et qu'elle continuera à retirer du dessèchement.* L'article 5 ajoute que *le paiement des intérêts et celui*

du capital de la dette, en cas de remboursement, continueront à être répartis
d'après les bases anciennes, sur ceux qui l'ont contractée.

Or, d'après les principes qu'on vient de poser, chaque parcelle anciennement intéressée au dessèchement primitif de Van-Ens est cotisée pour la
liquidation de cette œuvre, jusqu'en 1827, par le cadastre de 1683, applicable
à la répartition des charges résultant de la dette; et toute parcelle anciennement ou nouvellement intéressée doit être comprise dans la nouvelle expertise pour la répartition des frais d'entretien, au prorata de son intérêt à l'œuvre actuelle constituée en 1827, après la ruine constatée du dessèchement
primitif.

Quant à l'article 52 du même décret relatif à la matrice générale, où l'on
distingue pour chaque parcelle les cotisations afférentes à l'entretien des ouvrages anciens et nouveaux, il perd toute son importance ou du moins toute
portée impérative, dès qu'il est bien établi que l'entretien des ouvrages nouveaux proprement dits ne coûte rien à l'Association et que l'entretien des
ouvrages anciens, améliorés ou renouvelés dans leur fonctionnement, doit
équitablement être payé par tous, anciens et nouveaux propriétaires, proportionnellement à l'intérêt actuel de chacun, sans distinction possible entre
l'intérêt ou bénéfice ancien et l'intérêt ou bénéfice nouveau.

Ainsi disparaît cette apparente dualité qui existait plutôt dans la lettre que
dans le fond du décret de 1851 et à laquelle un simple examen de la situation
actuelle du corps des Vuidanges enlève toute importance. Nous sommes aujourd'hui en présence d'une œuvre pour ainsi dire nouvelle, dont les instruments renouvelés, comme elle en 1827, doivent être entretenus par tous les
propriétaires, sans distinction, intéressés à son fonctionnement depuis plus
ou moins longtemps, et cela, proportionnellement à l'intérêt actuel de
chacun.

Cela posé, nous allons, comme les experts de 1855, considérer successivement deux grandes questions principales dans l'expertise : 1° Les charges
anciennes ou la dette ; 2° Les charges actuelles ou l'entretien.

1ᵉ QUESTION. — Les charges anciennes ou la dette.

Application du Cadastre de 1683.

La première question est déjà entièrement résolue par le premier des principes qu'on vient de poser. L'œuvre ancienne ayant à peu près complètement disparu ou cessé de fonctionner lors de la renaissance de 1827, il serait souverainement injuste d'appeler à contribuer à ses frais d'établissement et de premier entretien, représentés par la dette, d'autres terrains que ceux qui ont, en temps et lieu profité de ces dépenses et garanti leur paiement. Les propriétaires nouvellement incorporés par suite de l'extension que l'œuvre de 1827 a donnée au dessèchement restent désintéressés dans l'œuvre de Van-Ens. Ils ont justement contribué à la réfection et aux améliorations de cette œuvre, proportionnellement à leur plus-value ou bénéfice, établis par le cadastre de 1834. Ils vont être appelés par notre nouveau cadastre à participer aux frais d'entretien de l'œuvre restaurée. On ne saurait justement leur demander rien de plus. C'est donc à bon droit que l'article 5 du décret de 1851 a maintenu sur les anciens propriétaires seuls, et d'après les bases anciennes, la répartition des charges de la dette. Ces bases sont celles du cadastre de 1683 correspondant à l'ancien état de choses.

Pour effectuer cette répartition, il suffira donc de faire une simple application du cadastre de 1683, après l'avoir traduit en mesures nouvelles et appliqué sur les plans parcellaires actuels. Nous n'avons pas à procéder à ce long et minutieux travail de dépouillement, de traduction et d'interprétation, qui a été fait avec le plus grand soin sous la direction de nos prédécesseurs. C'était là, avant tout, une œuvre de patience et d'érudition, et il nous a suffi, par un sérieux examen, d'acquérir la conviction de l'impartialité consciencieuse avec laquelle elle a été accomplie. C'est ainsi que nous nous sommes rendu compte de cette différence considérable de 1,742 hect., dont s'était émue la Commission spéciale, entre le cadastre primitif, tel qu'il était sorti de la main des experts de 1683 et le même cadastre, traduit et appliqué au corps actuel des Vuidanges. On a déjà vu qu'elle porte pour près des 3/4 sur des terres de dixième classe et qu'elle est parfaitement motivée d'ailleurs par des dégrèvements réguliers et bien fjustifiés, notamment par celui des vastes étendues marécageuses de la Légaresse entre l'Etourneau et la commune de Foz. En résumé, nous n'avons pas hésité à adopter la traduction du cadastre de 1683 présentée par nos prédécesseurs, et à l'appliquer en toute confiance à la répartition des charges provenant de la dette. Pour compléter l'étude de cette question, il nous suffit donc de renvoyer simplement à l'analyse raisonnée, que nous avons présentée à cet égard, du rapport d'expertise du 25 mars 1855.

Nous passons maintenant à la 2ᵉ question qui constitue plus particulièrement notre mandat, concernant les charges actuelles ou l'entretien. Cette question comprend deux études distinctes : l'une relative au périmètre à adopter pour l'Association en son état actuel, l'autre, au classement des terrains compris dans ce périmètre.

2me QUESTION. — Les charges actuelles ou l'entretien.

L'étude du périmètre de la nouvelle Association a été commencée directement sur les lieux, et complétée par une vérification et un examen attentifs des 18 cartes ou plans détaillés de l'enclave syndicale présentés par nos prédécesseurs avec leur rapport du 25 mars 1855. Seize de ces plans ont pu être conservés comme représentant assez exactement l'état actuel des lieux. Les cartes numéros 5 et 6 seulement, applicables aux sections E de Fontvieille et R d'Arles ont dû être refaites par nos soins, pour cadrer plus complètement avec les modifications apportées dans le bassin du Grand Clar par la réfection de la Roubine de la Calade et l'établissement du canal principal de la vallée des Baux.

Périmètre de l'Association.

Nous sommes ainsi arrivés à adopter à peu près intégralement le périmètre de l'expertise de 1855 marqué par un trait en tirés rouges sur les plans ci-joints. La seule modification méritant d'être signalée, consisterait dans la distraction d'un petit triangle, compris aux abords de la ville d'Arles près de la porte de la Cavalerie, entre le Rhône, le chemin de fer et la ville. Le périmètre syndical fixé jadis à l'ancienne chaussée du Trébon, nous a paru devoir, en ce point, être reporté au chemin de fer qui remplace cette chaussée près de la ville. Il ne s'agit là, du reste, que d'une surface de 3 hectares au plus, entièrement désintéressée au dessèchement et occupée par des voies publiques, des cafés et auberges, des habitations urbaines et par une partie des terre-pleins de la gare du chemin de fer. L'inspection des plans cotés ci-joints justifie amplement le périmètre que nous proposons et pour la fixation duquel nous avons, comme les experts de 1855, poussé aux dernières limites de l'équité l'appréciation d'un intérêt, si minime qu'il fut, à l'œuvre du dessèchement. C'est ainsi que nous avons maintenu les distractions opérées par eux sur les lisières élevées de l'ancien périmètre, occupées par des terrains de Coustières plus ou moins secs, plus ou moins caillouteux, complantés de vignes ou d'oliviers, et que leur nature aussi bien que leur hauteur plaçaient naturellement à l'abri de toute chance d'envahissement marécageux. Il demeure bien entendu, d'ailleurs, que ceux de ces terrains qui ont été maintenus anciennement au cadastre de 1683, bien qu'ainsi exonérés de toute charge relative à l'œuvre actuelle, continueraient à supporter les charges anciennes c'est-à-dire de la dette contractée à une époque où ils faisaient légalement partie de l'Association. Ces distractions effectuées sur le périmètre extérieur sont amplement compensées à l'intérieur par l'adjonction de surfaces considérables de terrains non desséchés par les travaux de Van-Ens, et aujourd'hui sorties de leur état habituel de submersion, par suite des perfectionnements apportés depuis 1827 à l'œuvre primitive, notamment autour des anciens étangs du Grand et du Petit Clar, de Meyranne et des Chanoines.

Maintenue des terrains situés à droite du canal de navigation. En réponse à d'anciennes et très vives réclamations, il convient d'expliquer ici, en quelques mots, pourquoi nous n'avons pas cru devoir exonérer des charges de l'entretien, et par suite, faire sortir du périmètre les terrains placés à droite du canal de navigation, sous le prétexte allégué par leurs propriétaires, que l'assèchement de ces terrains, qui est le fait du canal, ne coûte plus rien à l'Association. Rien de plus vrai que cette assertion, puisque le canal et ses contrefossés qui opèrent seuls aujourd'hui et garantissent le parfait dessèchement des terrains en question, sont entretenus par l'État. Mais cette situation, créée en 1827 et complétée en 1856, est l'œuvre de l'Association des Vuidanges. Le canal de navigation est devenu son principal colateur remplaçant, avec un avantage incomparable, l'ancienne Vuidange, qui séparait tout aussi bien les réclamants du reste de l'enclave syndiquée. Tant mieux pour l'Association, si ce nouvel instrument de dessèchement, à l'établissement duquel elle a activement coopéré, fonctionne plus parfaitement que le précédent et sans frais pour elle ; tant mieux surtout pour les propriétés situées à sa droite qui en retirent une amélioration plus grande que toutes autres et une sécurité, pour ainsi dire absolue. Mais c'est là, ce nous semble, une raison de plus pour elles, de rester attachées à une Association qui leur a procuré de tels avantages. Le traité de 1827, qui a inauguré l'ère nouvelle du dessèchement, n'a rien changé à cet égard aux obligations antérieures. Il nous suffira donc de rappeler que les terrains en question ont été, dès le début, compris sous la désignation de *Plan du Bourg*, dans l'Association des Vuidanges d'Arles, autorisée le 16 juin 1458 par le roi Réné ; qu'ils sont partie intégrante au contrat solennellement juré le 31 décembre 1542 et obligeant tous particuliers intéressés au dessèchement et leurs successeurs, à contribuer en commun au travail de l'évacuation des eaux ; qu'ils sont également compris dans la transaction du 9 octobre 1619, relative à la construction et à l'entretien du Vigueyrat ; qu'ils sont enfin tenus de la façon la plus explicite par le contrat du 16 janvier 1678, au paiement à perpétuité des 2/3 des frais d'entretien ou de réfection des ouvrages du dessèchement compris dans l'œuvre de Van-Ens. C'est en vertu de ce dernier acte qu'ils ont justement été portés au cadastre de 1683, et nous ne voyons aucune raison de ne pas les comprendre dans le nouveau cadastre, surtout quand nous avons nettement établi que tous les frais d'entretien actuels de l'Association, s'appliquent à des ouvrages ayant déjà fait partie de l'œuvre primitive de Van-Ens. La question est du reste jugée en dernier ressort par le décret réglementaire de 1851, dont l'art. 2 déclare formellement que l'œuvre du dessèchement des marais d'Arles *continuera à former, comme par le passé, un seul tout indivisible,* et que, *les dépenses de son entretien, mises en commun, seront réparties sur tous les intéressés, conformément aux accords faits entre les parties et qui sont écrits aux actes des 16 juillet 1642 et 4 janvier 1678, au cadastre du 2 août 1683 et dans la délibération contrat du 5 mars 1827*, à laquelle les réclamants ont pris part, sans élever alors la prétention de se séparer de leurs co-associés.

Pour toutes ces raisons, nous avons donc maintenu dans l'Association les terrains situés en aval d'Arles, à droite du canal de navigation. Toutefois, ayant égard à leur position exceptionnelle, par rapport aux travaux d'entretien de l'ensemble de l'œuvre, auxquels ils sont tenus de contribuer, nous avons pensé qu'il était équitable de modérer pour eux dans une certaine mesure, la tarification adoptée, ainsi qu'on le verra tout à l'heure à l'occasion du classement des propriétés comprises dans le périmètre.

Libération définitive des terrains situés en aval de l'Etourneau.

Ajoutons enfin que celui-ci, comme le périmètre des experts de 1855, s'arrête aux droits des bâtiments de l'Etourneau, à peu de distance en amont de l'écluse de ce nom, limite déjà fixée sur le plan général de l'Association dressé en 1843 et annexé au décret de 1851. En aval de cette limite, s'étendent jusqu'aux confins de la commune de Fos, au droit de l'étang du Galéjon, de vastes surfaces de terrains compris au cadastre primitif de 1683, sous le nom de Lagarez ou de Légaresse et bientôt dégagés à bon droit des obligations qui leur étaient ainsi créées sans la compensation d'un avantage appréciable. Ces terrains, généralement de peu de valeur, en nature de marais, de près palustres et de terres de qualité inférieure, à peu près entièrement désintéressés dans l'œuvre incomplète de Van-Ens, ont bien pu recevoir une certaine amélioration par suite de la création du canal de Bouc. Mais cette amélioration ne serait en tous cas attribuable qu'au bief-marin du canal, en aval de l'écluse de l'Etourneau et en dehors des stipulations du traité de 1827 qui s'arrêtent à ce point. Elle ne saurait donc être revendiquée à aucun titre par l'Association des Vuidanges d'Arles.

Le périmètre ainsi défini et justifié, comprend dans l'Association environ 5,000 parcelles dont chacune a fait l'objet d'un examen particulier, tendant à contrôler son étendue, et à constater son emplacement, sa hauteur et ses facultés d'écoulement. Ces parcelles composent une contenance totale de 7,717 hectares, 57 ares, 38 centiares, dont 1,896 hectares, 33 ares, 93 centiares, appartenant aux dessicateurs et 5,821 hectares, 23 ares, 45 centiares, aux anciens propriétaires primitivement ou nouvellement incorporés.

Contenance des terrains compris dans le nouveau périmètre et comparaison avec les contenances des cadastres de 1683 et 1855.

Les experts de 1855 étaient arrivés à une surface totale de 7,729 hectares, 89 ares, 11 centiares, dont 1,908 hectares, 35 ares, 78 centiares aux dessicateurs et 5,821 hectares, 53 ares, 33 centiares, aux anciens propriétaires. Nous comptons donc 12 hectares, 01 ares, 85 centiares de moins sous le titre de dessicateurs, et 0 hectare, 29 ares, 88 centiares de moins pour les anciens propriétaires, soit 12 hectares, 31 ares, 73 centiares en moins dans notre surface totale. Toutes les différences partielles qui ont conduit à ces résultats, ont provoqué de notre part des vérifications sans nombre et des plus minutieuses. C'est ainsi que nous nous sommes assurés qu'elles provenaient soit des quelques modifications peu importantes que nous avons déclaré avoir apportées au périmètre de 1855, soit de l'omission volontaire de parcelles ou parties de parcelles occupées par des chemins publics, par des roubines de l'Association, par le canal de la vallée des Baux et surtout par le canal de navigation, et dès lors, indûment maintenues au cadastre de 1855, soit enfin d'erreurs matérielles dans les chiffres de nos prédécesseurs et de l'oubli involontaire commis par eux, de quelques parcelles comprises en tout ou en partie dans leur périmètre.

En comparant notre surface totale de 5,821 hectares afférentes aux anciens propriétaires avec celle du cadastre primitif de 1683, montant à 7,118 hectares, nous ne trouvons plus qu'une différence en moins de 1,297 hectares au lieu de celle de 1,742 hectares, qui avait tant préoccupé la Commission spéciale. Cette diminution de différence est à peu près entièrement due aux parcelles nouvellement incorporées par suite de l'extension de l'œuvre du dessèchement, formant ensemble une superficie d'environ 540 hectares ; tandis que les réductions opérées par nos prédécesseurs comme par nous sur le périmètre extérieur de l'enclave syndicale, en amont de l'Etourneau, sont compensées par la réintégration au nouveau cadastre de nombre de parcelles légalement rayées de celui de 1683 et reprises aujourd'hui comme intéressées à l'œuvre nouvelle. La différence de 1,297 hectares qui persiste encore entre la contenance primitive du cadastre de 1683 et celle du cadastre actuel, devrait ainsi être attribuée à peu près entièrement au dégrèvement des terrains en aval de l'Etourneau dont il a déjà tant de fois été question.

Du reste, nous ne nous sommes pas contentés de vérifier avec soin et même de modifier quelque peu, comme on l'a vu, le périmètre des experts de 1855. Nous avons en outre pointé soigneusement, sur les plans, toutes les parcelles encadastrées, contrôlé et vérifié au besoin leurs surfaces, et c'est ainsi que nous sommes arrivés à cette légère différence en moins de 12 hectares sur les calculs de nos prédécesseurs, pour une surface totale de près de 8,000 hectares. Nous croyons donc pouvoir affirmer avec confiance que toute contenance imposable est bien comprise dans notre travail et que les préoccupations manifestées à ce sujet par la Commission spéciale dans sa délibération du 8 novembre 1860, étaient au moins exagérées.

Classement de la nouvelle Expertise. — Exposé et discussion de la méthode adoptée. Nous voici arrivés à la partie la plus importante et aussi la plus délicate de notre travail. Il s'agit de classer les terrains compris dans le périmètre de l'Association, de telle sorte, que chaque parcelle puisse être imposée dans la répartition des charges d'entretien, proportionnellement à son intérêt réel, mesuré par le bénéfice qu'elle a retiré et qu'elle retire aujourd'hui de l'œuvre du dessèchement.

A cet effet, nous rappellerons tout d'abord deux faits essentiels qui ont déjà été établis précédemment, savoir : 1° Que toutes plus-values, tous bénéfices anciens, d'ailleurs à peu près complètement perdus avant 1827, ont été acquis et payés par les dessicateurs et les anciens propriétaires, conformément aux stipulations des actes de 1642 et 1678 et aux classifications du cadastre de

1683, qui reste encore aujourd'hui le seul régulateur de la répartition des charges afférentes à la dette, entre ceux qui l'ont contractée ; 2° Que toutes plus-values, tous bénéfices nouveaux réalisés depuis 1827 ont été payés par les intéressés, conformément aux indications du cadastre spécial de 1834, et qu'il ne reste plus dès lors aujourd'hui qu'à pourvoir à l'entretien de ces plus-values ou bénéfices, en en répartissant les charges proportionnellement à l'intérêt de chacun.

Cela posé, pour la fixation de cet intérêt, l'un des experts aurait voulu classer toutes les propriétés soumises à l'expertise, d'après l'appréciation directe de la plus-value que chacune d'elles a obtenue par suite du dessèchement, plus-value qui s'établirait par la différence entre la valeur actuelle et la valeur primitive de la propriété. En effet, rien de plus rationnel, de plus juste en principe qu'une pareille application de la plus-value, mesure exacte de l'intérêt de chaque parcelle à l'œuvre du dessèchement, pouvant donner, pour ainsi dire, mathématiquement la proportionnalité de sa cotisation dans les frais de cette œuvre.

Malheureusement ce procédé de classement dont la théorie est irréprochable, n'a pas paru pratiquement réalisable aux deux autres experts. Ils ont reculé devant le caractère arbitraire qu'on n'aurait pas manqué à bon droit d'attribuer à leurs doubles estimations. Convaincus, comme ils le sont, de la profonde expérience de leur collègue en cette matière, de sa parfaite connaissance des divers terrains de l'enclave syndicale, ils ne voyaient aucune difficulté sérieuse dans l'appréciation approximative de la valeur actuelle de chaque propriété. Tout au plus devait-on simplifier cette évaluation en limitant les diverses valeurs attribuées à l'unité de surface, de manière à ne pas dépasser le nombre maximum de 10 classes fixé par la loi du 16 septembre 1807. Mais comment établir la valeur primitive des mêmes propriétés avant le dessèchement et en conservant les mêmes bases d'estimation ? Comment tenir compte des modifications apportées à cette valeur par le temps, par les progrès de la culture, par l'amélioration des voies de communication, par la création de telle ou telle industrie, par les dépôts ou les ravinements des inondations du Rhône, etc., modifications qui viennent compliquer singulièrement le calcul de la plus-value attribuable au seul fait du dessèchement.

L'idée du classement par détermination de la plus-value étant ainsi reconnue d'une application, sinon impossible, au moins très difficile et très discutable ; nous avons cherché dans la valeur actuelle des propriétés, combinée avec leur hauteur au-dessus des eaux d'hiver, les éléments d'une détermination directe de l'intérêt de chaque parcelle, lequel est lui-même exactement proportionnel au bénéfice que lui a procuré et que lui conserve l'œuvre du dessèchement.

Cette intervention, dans le classement, de la hauteur relative des terrains soumis à l'expertise, est d'ailleurs recommandée très explicitement par le jugement de la Commission spéciale, dont l'un des principaux griefs contre le travail des experts de 1855 est précisément basé sur la non application de cet élément d'appréciation. Il est évident, en effet, que telle parcelle placée vers la limite extrême du dessèchement complet, à soixante ou quatre-vingts centimètres, par exemple, au-dessus des eaux d'hiver, tirant ainsi presque toute sa valeur de l'œuvre maintenue dans un parfait état d'entretien, est plus intéressée que telle autre plus élevée, dont le dessèchement a simplement amélioré la situation en la préservant de submersions accidentelles et peu prolongées, ou que telle autre encore plus basse, qui n'aurait pu être qu'imparfaitement desséchée. Il y a donc une relation incontestable entre la hauteur des terrains et leur plus-value acquise, ou leur intérêt au dessèchement.

Nous partageons entièrement à cet égard l'avis de la Commission spéciale, posant en principe que l'intérêt à l'œuvre des Vuidanges suit une progression croissante à partir du point où elle commence à agir sur des terrains qui n'étaient qu'accidentellement envahis par les eaux, jusqu'à celui où elle assure un dessèchement complet à des fonds continuellement submergés, et qu'il suit une progression décroissante depuis le point où cessent les effets certains et complets, jusqu'à celui où l'influence de l'œuvre est insensible.

On se tromperait cependant si l'on faisait de cette considération une application exclusive en la prenant comme base unique du classement. Un pareil mode d'opérer ne serait équitable que si toutes les propriétés à classer étaient de même nature et de même valeur intrinsèque, abstraction faite de leur situation par rapport au dessèchement. Mais il n'en est pas ainsi, loin de là. Il suffit d'un simple coup d'œil, par exemple, pour se convaincre qu'un hectare de terre du Trébon ou du Plan du Bourg a une valeur incomparablement plus grande qu'un autre hectare présentant les mêmes conditions de hauteur dans le bassin marécageux de Meyranne, où le sol, d'une nature essentiellement spongieuse et tourbeuse, reste imprégné d'une humidité stérile et malsaine à plusieurs mètres au-dessus du niveau des eaux dans les canaux d'écoulement. De même, qui songerait à comparer les maigres terres caillouteuses des Coustières du Grand Clar avec les riches terrains de la Pourride ou de Mouleyrès, aux abords d'Arles, supposés, placés à des hauteurs identiques au-dessus des eaux ? Il est incontestable, en un mot, que la nature du sol, la proximité plus ou moins grande des centres de population, l'état des voies de communication et nombre d'autres causes, déterminent de très grandes différences dans les valeurs de propriétés présentant des conditions de dessèchement identiques, et par conséquent dans les plus-values ou bénéfice réalisés par ces propriétés et mesurant leur intérêt à l'œuvre commune.

Mais alors, si d'une part, la plus-value ou l'intérêt de chaque parcelle sont intimément liés avec sa situation par rapport à l'œuvre du dessèchement, telle qu'elle fonctionne aujourd'hui ; si d'autre part, ils dépendent de la valeur actuelle du sol plus ou moins parfaitement desséché, il est évident qu'on arrivera à un classement définitif aussi équitable que possible, en combinant les résultats de deux classements élémentaires basés, l'un sur la hauteur des terrains au-dessus des eaux d'hiver, et l'autre sur leur valeur actuelle, très facile à déterminer au moins approximativement. Ajoutons que ce système a le très grand avantage de se contrôler et de se corriger lui-même dans la plupart des cas. Ainsi telle parcelle mal desséchée, placée à un trop haut degré dans le classement de valeur, se trouvera ramenée à une classe inférieure par l'application du classement de hauteur, dans lequel sa situation médiocre par rapport au dessèchement lui assigne un des derniers rangs; telle autre, au contraire, qu'une erreur de nivellement aurait fait placer à un degré trop faible dans le classement de hauteur, bien qu'elle tirât précisément un grand bénéfice de son excellente situation relative au dessèchement, se trouvera naturellement ramenée à un rang supérieur par l'application du classement de valeur et ainsi de suite.

Classement de hauteur. Pour établir le classement de hauteur, dont il vient d'être question, nous avons dû tout d'abord compléter les cotes de nivellement des plans parcellaires ne donnant que des attitudes ou hauteurs absolues au-dessus du niveau de la mer, par une appréciation aussi exacte que possible de l'altitude moyenne des eaux d'hiver, dans les principaux canaux ou émissaires de l'Association. A cet effet, nous n'avions qu'à utiliser les nombreux documents mis à notre disposition par le Syndicat central et par M. l'Ingénieur de l'arrondissement d'Arles, notamment les relevés d'observations de hauteurs dans le bief du canal de navigation entre Moncalde et l'Etourneau, le tableau général et détaillé des canaux de l'Association prescrit par l'article 63 du décret de 1851, et enfin les projets de curage ou d'amélioration des mêmes canaux dressés et exécutés depuis lors. C'est ainsi qu'en partant d'une certaine hauteur moyenne dans le canal de navigation en avant de Moncalde, nous avons pu fixer très approximativement la hauteur des eaux d'hiver dans les principaux émissaires du dessèchement, sur toute l'étendue de leur parcours. Les altitudes ainsi arrêtées ont été inscrites à l'encre bleue sur les plans parcellaires. Il suffisait dès lors de retrancher de la hauteur absolue de chaque parcelle, résultant du nivellement général inscrit en rouge, la cote bleue de l'émissaire le plus voisin, de tenir compte en outre d'une certaine pente ($0^m 00015$ par exemple) nécessaire à l'écoulement des eaux de la parcelle considérée et appliquée à la distance qui la sépare dudit émissaire, pour obtenir, en l'état actuel, la hauteur du sol de la parcelle au dessus des eaux d'hiver, c'est à dire l'expression numérique de sa situation par rapport à l'œuvre du dessèchement. Ce travail a été soigneusement fait pour les 5,000 parcelles comprises dans l'enclave et nous a permis de les classer de la manière suivante :

A celles qui sont comprises entre les hauteurs de 0 m. 50 et 1 mètre au-dessus des eaux d'hiver, correspondant à l'action la plus active et la plus complète du dessèchement, nous avons attribué le nombre 5 comme coefficient ou degré d'intérêt de hauteur. Entre les hauteurs de 1 m. et 1 m. 50 l'intérêt décroît et nous avons adopté le coefficient 4. De même, les coefficients 3 et 2 ont été attribués aux parcelles dont les hauteurs sont comprises entre 1 m. 50 et 2 m. 00, 2 m. 00 et 2 m. 50. Enfin, le moindre coefficient d'intérêt a été appliqué aux parcelles dont la hauteur au-dessus des eaux d'hiver atteint ou dépasse 2 m. 50.

Considérant ensuite les parcelles dont le dessèchement est imparfait en dessous de la hauteur de 0 m. 50, nous avons adopté le coefficient 4 entre 0 m. 50 et 0 m. 25 ; 3 entre 0 m. 25 et 0 m. 00 (niveau des eaux d'hiver) ; 2 entre 0 m. 00 et 0 m. 25 en dessous ; et enfin 1 pour toutes les parcelles dont le niveau moyen ne s'élève pas à plus de 0 m. 25 en dessous des eaux d'hiver.

Les résultats de ce classement sont nettement résumés dans le tableau ci-contre :

HAUTEURS au-dessus des eaux d'hiver.	COEFFICIENTS d'intérêt.
2 m. 50 —	1
2 m. 00 —	2
1 m. 50 —	3
1 m. 00 —	4
0 m. 50 —	5
0 m. 25 —	4
	3
0 m. 00 —	Niveau moyen des eaux d'hiver.
— 0 m. 25 —	2
	1

Notre classement de valeur basé sur l'estimation approximative des terrains était beaucoup plus facile d'autant plus que chaque estimation pouvait s'appliquer à un grand nombre de parcelles du même bassin situées dans des conditions identiques. Là encore pour simplifier nous n'avons adopté que 5 coefficients ou degrés d'intérêt. Le coefficient **1** a été appliqué aux parcelles dont l'estimation ne dépasse pas 600 fr. l'hectare ; le coefficient **2** à celles estimées de 600 fr. à 1,200 fr. ; **3** de 1,200 fr. à 1,800 fr. ; **4** de 1,800 fr. à 2,400 fr. ;

Classement de valeurs.

nous avons enfin attribué le coefficient **5** aux parcelles dont la valeur dépasse 2,400 fr. par hectare.

Classement définitif par la combinaison des deux classements précédents. Rien de plus simple maintenant que d'arriver au classement définitif par la combinaison des deux classements élémentaires précédents, en s'appuyant sur ce principe de simple arithmétique, qu'une quantité variable proportionnelle à deux autres est proportionnelle à leur produit. Il nous suffira donc pour obtenir le véritable coefficient de l'intérêt de chaque parcelle, de multiplier l'un par l'autre les coefficients de valeur et de hauteur qui lui auront été attribués. En opérant ainsi sur les 5,000 parcelles de l'enclave, on peut arriver aux quatorze produits ou coefficients combinés suivant : 1, 2, 3, 4, 5, 6, 8, 9,10, 12, 15, 16, 20 et 25, lesquels, pour une application rigoureuse de notre système devraient correspondre à quatorze classes distinctes, tandis que la loi du 16 septembre 1807, toujours en vigueur sur ce point, n'en admet que dix au maximum. Il a été facile d'éluder cette petite difficulté en formant quelques couples de produits successifs dont chacun ne correspond qu'à un seul coefficient définitif, de manière à n'avoir que le nombre maximum de classes voulu par la loi.

Les résultats de cette opération sont indiqués dans le tableau ci-contre sur lequel est basé notre classement.

Nous avons donc ainsi dix classes de terrains correspondant aux coefficients ou degrés d'intérêt indiqués dans le tableau, et qui se trouvent identiques à ceux qu'ont déjà appliqués les experts de 1383 et de 1855. Nous ne pouvons que nous féliciter de cette coïncidence qui prouve la rectitude de l'échelle des intérêts adoptée dans les précédentes expertises, en même temps qu'elle facilite la comparaison et le contrôle mutuel des différents cadastres.

PRODUITS des coefficients de hauteur et de valeur.	COEFFICIENTS d'intérêts définitifs.	INSTRUCTION de la classe afférente à chaque coefficient.
1 —	— 1 —	— 10e —
2 —	— 2 —	— 9e —
3 —	— 3 —	— 8e —
4 —	— 4 —	— 7e —
5 —	— 5 —	— 6e —
6 — 8 —	} — 7 —	— 5e —
9 — 10 —	} — 9 —	— 4e —
12 —	— 12 —	— 3e —
15 — 16 —	} — 15 —	— 2e —
20 — 25 —	} — 20 —	— 1re —

Il n'y a pas, dit-on, de règle sans exception, et cet adage semble concerner tout spécialement l'enclave aussi étendue que variée de l'Association des Vuidanges d'Arles, lorsqu'il s'agit d'appliquer au classement de ces terrains une règle pour ainsi dire mathématique. Voici donc les modifications que nous avons cru devoir apporter à notre système général de classification, pour tenir compte de certaines situations exceptionnelles qui n'étaient pas suffisamment appréciées dans les classements élémentaires de hauteur et de valeur :

Modifications apportées dans la pratique au système de classification adopté.

1° Dans le bassin du Grand Trébon, l'application du système général a été modérée en faveur des terrains de la section P du cadastre communal d'Arles, compris entre l'ancienne digue du Rhône et la route départementale d'Arles à Avignon et éloignés du contre-fossé droit du Vigueyrat, seul émissaire de leur dessèchement, dont ils sont séparés par cette route. En raison de leur situation exceptionnellement imparfaite par rapport à l'œuvre du dessèchement, nous avons classé ces terrains en ne tenant compte que de la moitié du coefficient correspondant à leur hauteur au-dessus des eaux d'hiver.

2° La classification des parcelles situées à droite du canal de navigation dans les bassins du haut Plan du Bourg et de Champtercier (section AD et AE du cadastre communal d'Arles) a été modérée de la même manière pour tenir compte encore d'une situation particulière déjà définie et discutée à l'occasion du périmètre.

3° Pour éviter des différences de classes trop marquées dans des parcelles voisines placées à quelques centimètres seulement au-dessus ou au-dessous des divisions du classement de hauteur, nous avons dû admettre à titre de transition d'un coefficient à un autre, quelques abaissements d'un degré, tendant à rapprocher autant que possible, dans les résultats définitifs du classement, des terrains placés dans des conditions peu dissemblables.

4° Nous avons estimé que tous les terrains, généralement voisins des limites extérieures du périmètre, dont la hauteur au-dessus des eaux d'hiver atteint ou dépasse $3^m 50^c$ étaient, de beaucoup, les moins intéressés à l'œu-

7

vre du dessèchement, quelle que fût d'ailleurs leur valeur intrinsèque, do-
minée dans ce cas par la condition de la hauteur, et nous les avons comptés
uniformément dans la dernière classe.

**Classement des dessica-
teurs.**

Ajoutons enfin que, conformément au deuxième alinéa de l'article 2 du
décret de 1851, qui n'a fait en cela que satisfaire au vœu formel des dessicateurs, ceux-ci ont été compris dans le classement général. Les propriétaires
de cette catégorie pourront ainsi, à l'avenir, être cotisés, comme les autres
membres du Corps, en raison de leurs intérêts, tout en respectant d'ailleurs
le droit stipulé en leur faveur dans le cadastre de 1678, de ne payer que le
1/3 des dépenses relatives à l'entretien de l'œuvre de dessèchement.

Les résultats du classement général que nous avons l'honneur de proposer
se résument dans les chiffres du tableau suivant :

Classement général.

DÉSIGNATOIN des classes.	Coefficients d'intérêt de chaque classe.	CONTENANCES TOTALES par classe.			CONTENANCES appartenant aux dessicateurs.			CONTENANCES appartenant aux anciens propriétaires.		
		hect.	ares	cent.	hect.	ares	cent.	hect.	ares	cent.
1re	20	275	77	82	172	21	59	103	56	23
2e	15	860	00	68	678	58	74	181	41	94
3e	12	854	94	83	228	72	24	626	22	59
4e	9	1.168	54	97	301	96	75	866	58	22
5e	7	721	41	06	31	08	27	690	33	39
6e	5	746	10	28	440	88	39	305	21	89
7e	4	710	97	14	23	44	20	687	52	94
8e	3	936	12	65	19	43	75	916	68	90
9e	2	895	92	17	»			895	92	17
10e	1	547	75	18	»			547	75	18
TOTAUX......		7.717	57	38	1.896	33	93	5.821	23	45

Ces résultats sont détaillés parcelle par parcelle dans les deux registres ci-
joints, lesquels avec celui du cadastre de 1683, dressé par les experts de 1855
et de nouveau présenté par nous, doivent servir à la confection des matrices
syndicales, qui vont être l'objet du cinquième et dernier article de notre
rapport.

V. CONFECTION DES MATRICES SYNDICALES.

Pour terminer l'accomplissement de notre mission, nous n'avons plus qu'à indiquer l'application du classement proposé à la formation des matrices et rôles du syndicat. Il ne s'agit pas d'ailleurs pour les experts de dresser eux-mêmes ces matrices et ces rôles, travail purement matériel et pour ainsi dire continu, consistant à compléter par les indications essentiellement changeantes, des noms des propriétaires, les inscriptions des numéros de parcelles et à grouper, sous le nom de chaque intéressé, toutes les parcelles qui lui appartiennent actuellement avec les cotes afférentes à celles-ci pour l'entretien et pour la dette, conformément à l'article 52 du règlement de 1851.

Ce travail ne pourra naturellement être fait que lorsque ce classement sera devenu définitif, et il devra être continuellement tenu au courant, par les soins du Syndicat, au fur et à mesure des mutations fréquentes qui ne peuvent manquer de s'opérer presque journellement dans une agglomération de près de 5,000 parcelles.

Nous aurions, sans avantage, dépensé beaucoup de temps et d'argent à vouloir donner prématurément sur nos registres, les noms des propriétaires syndiqués, et le groupement des parcelles de chacun d'eux. Il eût fallu nous déplacer longtemps pour recueillir sur place et à grands frais tous les renseignements nécessaires sur les nombreuses mutations survenues depuis la confection du cadastre communal; tandis que cela peut être fait plus rapidement, plus sûrement et plus économiquement, par un simple commis de contributions déjà exercé à ce genre de travail. Comme les registres de l'expertise de 1855 et notamment comme celui du cadastre de 1683 que nous présentons de nouveau aujourd'hui, nos registres de classement n'indiquent donc que les numéros des parcelles classées, correspondant à ceux qui sont également portés sur les feuilles de plans ci-annexées, déjà présentées en 1855. Nous rappelons toutefois que deux de ces feuilles, les numéros 5 et 6 ont dû être refaites pour mieux représenter l'état actuel, et ce sont les deux nouvelles feuilles 5 bis et 6 bis qui correspondent au nouveau classement, tandis que les anciennes ne doivent être consultées que pour l'application du cadastre de 1683.

Quant à la forme et à l'ordre des nouveaux registres, ils ont été établis aussi simplement que possible, en ménageant une large colonne pour les noms de propriétaires à inscrire ultérieurement et en indiquant par sections cadastrales le numéro de chaque parcelle, le bassin ou l'association partielle de sa situation, et enfin son attribution soit aux dessicateurs, soit aux propriétaires primitifs ou nouvellement incorporés. Un premier cadastre comprend toutes les propriétés de l'enclave, indistinctement, avec indication en marge, de celles qui appartiennent aux dessicateurs, mais ne donne que le classement des propriétaires non dessicateurs. A la suite de celui-ci est dressé de la même manière, le cadastre spécial des dessicateurs, entre lesquels pourront ainsi être réparties les charges qui leur incombent, d'après des bases toutes semblables à celles de la répartition entre les anciens propriétaires.

Nous avons déjà vu que cet encadastrement des dessicateurs est formellement prescrit par le règlement de 1851 (deuxième alinéa de l'art. 2) qui tout en respectant les stipulations du contrat de 1678, qui fixent en bloc au tiers des dépenses d'entretien, le concours des dessicateurs, a voulu, sur leur demande même, substituer l'individu au groupe en répartissant entre eux ce tiers proportionnellement à l'intérêt de chacun, absolument comme il doit être fait à l'égard des autres membres de l'Association. Il y a en effet un avantage marqué, soit pour l'Association, à imposer directement chaque propriétaire, en exerçant sur lui et sa propriété tous les droits et priviléges attachés à la perception de l'impôt, soit pour les propriétaires successeurs de Van-Ens, à être ainsi déchargés de toute responsabilité vis-à-vis de leurs cessionnaires ou croupiers qu'ils représentaient auprès de l'Association.

Cela posé, voici comment nous entendons l'application soit du cadastre de

1683 à la répartition des charges de la dette, soit de nos nouveaux registres de classement ou du *cadastre de 1872*, à la répartition des charges actuelles de l'Association.

Nous avons d'abord calculé dans les tableaux suivants, par une simple règle de société, la répartition, dans chaque classe, d'une somme de mille francs : 1° entre les anciens propriétaires maintenus sur le cadastre de 1683 pour le paiement des charges de la dette ; 2° entre les propriétaires primitifs et les nouveaux incorporés du cadastre de 1872 pour le paiement des 2/3 des frais d'entretien ; 3° enfin entre les dessicateurs compris dans ce même cadastre pour le paiement du tiers des mêmes frais.

TABLEAU N° 1.

CADASTRE DE 1683 (Dette)

Répartition d'une imposition de 1,000 fr. entre les anciens propriétaires.

DÉSIGNATION des classes.	Coefficients d'intérêt de chaque classe.	CONTENANCES TOTALES par classe.			REDEVANCE PAR HECTARE de chaque classe pour une imposition de 1,000 fr.			PRODUITS PAR CLASSE.	
		hect.	ares	cent.	fr.			fr.	
1re	20	625	00	69	0,	48 24	02	304,	50
2e	15	377	59	73	0,	36 18	02	136,	62
3e	12	487	81	14	0,	28 94	41	141,	19
4e	9	530	02	22	0,	21 70	81	115,	06
5e	7	215	59	93	0,	16 88	41	36,	40
6e	5	626	37	53	0,	12 06	00	75,	54
7e	4	1,393	98	72	0,	09 64	80	134,	49
8e	3	331	26	11	0,	07 23	60	23,	97
9e	2	671	60	08	0,	04 82	40	32,	40
10e	1	117	22	13	0,	02 41	20	2,	83
TOTAUX.....		5.376	48	28				fr. 1.000	»

TABLEAU N° 2.

CADASTRE DE 1872 (Entretien)

Répartition d'une imposition de 1,000 fr. entre les propriétaires primitifs et les nouveaux incorporés.

DÉSIGNATION des classes.	Coefficients d'intérêt de chaque classe.	CONTENANCES TOTALES par classe.			REDEVANCE PAR HECTARE de chaque classe pour une imposition de 1,000 fr.				PRODUITS PAR CLASSE.	
		hect.	ares	cent.	fr.				fr.	
1re	20	103	56	23	0,	58	30	10	60,	38
2e	15	181	41	94	0,	43	72	57	79,	33
3e	12	626	22	59	0,	34	98	06	219,	06
4e	9	866	58	22	0,	26	23	54	227,	35
5e	7	690	33	39	0,	20	40	53	140,	86
6e	5	305	21	89	0,	14	57	53	44,	49
7e	4	687	52	94	0,	11	66	02	80,	17
8e	3	916	68	90	0,	08	74	51	80,	16
9e	2	895	92	17	0,	05	83	01	52,	23
10e	1	547	75	18	0,	02	91	51	15,	97
TOTAUX.....		5.821	23	45					1.000	»

TABLEAU N° 3.

CADASTRE DE 1872 (Entretien)

Répartition d'une imposition de 1,000 fr. entre les dessicateurs.

DÉSIGNATION des classes.	Coefficients d'intérêt de chaque classe.	CONTENANCES TOTALES par classe.			REDEVANCE PAR HECTARE de chaque classe pour une imposition de 1,000 fr.				PRODUITS PAR CLASSE.	
		hect.	ares	cent.	fr.				fr.	
1re	20	172	21	59	0,	92	33	78	159,	02
2e	15	678	58	74	0,	69	25	34	469,	94
3e	12	228	72	24	0,	55	40	27	126,	72
4e	9	301	96	75	0,	41	55	20	125,	47
5e	7	31	08	27	0,	32	31	82	10,	05
6e	5	440	88	39	0,	23	08	45	101,	78
7e	4	23	44	20	0,	18	46	76	4,	33
8e	3	19	43	75	0,	13	85	07	2,	69
9e	2		»			»			»,	»
10e	1		»			»			»,	»
TOTAUX.....		1,896	33,	93					fr. 1.000	»

Au moyen de ces tableaux, on établira très facilement les rôles de contribution pour une imposition quelconque. Supposons, par exemple, comme l'ont fait les experts de 1855, qu'il s'agisse de répartir une dépense annuelle de 36,000 fr., dont 18,000 fr. seraient applicables au service de la dette et les 18,000 fr. restants au service de l'entretien.

On appliquera d'abord le tableau nº1, à la répartition des 18,000 fr. de la dette en multipliant la surface exprimée en hectares de chaque parcelle maintenue au cadastre de 1683 par 18 fois la redevance calculée pour une imposition de 1,000 fr. dans la colonne 4 du tableau et correspondant à la classe que lui attribue ledit cadastre.

Quant aux 18,000 fr. restants pour l'entretien, on en répartira de la même manière les 2/3, soit 12,000 fr. entre les propriétaires primitifs et les nouveaux incorporés, et le 1/3, soit 6,000 fr., entre les dessicateurs, en appliquant à cet effet, avec les classements du cadastre de 1872, les tableaux nºˢ 2 et 3 comme il vient d'être expliqué pour l'application du tableau nº 1 et du cadastre de 1683.

Le calcul des redevances de chaque parcelle étant ainsi fait pour une imposition déterminée, il suffira de les grouper par propriétaire et par bassin, pour que, conformément à l'article 52 du décret de 1851, chaque intéressé puisse trouver *tout ce qui le concerne réuni dans un seul article détaillé, présentant les différentes parcelles qu'il possède dans chaque bassin, avec les cotisations afférentes à ces parcelles,* pour la dette et pour l'entretien.

CONCLUSION.

Tel est le rapport d'expertise que nous avons l'honneur de présenter, avec les plans et registres de classement ci-annexés, pour y être donné telle suite que de droit après l'enquête prescrite par l'article 66 du décret réglementaire du 31 juillet 1851

Arles, le 13 février 1872.

Les Experts,

RONDEL; GAUTIER-DESCOTTES; RICOUR.

Avignon. — Imp. Gros frères, rue Géline 3 et 5.

Avignon, le 20 avril 1872.

A Monsieur le Président du Syndicat central des Vuidanges d'Arles.

MONSIEUR LE PRÉSIDENT,

M. le Sous-Préfet d'Arles m'a communiqué, le 22 mars dernier, une délibération du Syndicat central des Vuidanges d'Arles, du 3 du même mois, tendant à considérer comme insuffisant le travail d'expertise générale déposé à la Sous-Préfecture le 19 février précédent, au nom de mes collègues et au mien, et à exiger que ce travail fût complété par l'addition d'une matrice générale dans laquelle chaque membre du corps de dessèchement pût immédiatement trouver groupées, toutes les parcelles lui appartenant actuellement, avec les cotes afférentes à chacune d'elles, pour l'entretien et pour la dette, ainsi qu'il est prescrit par l'art. 52 du décret constitutif et réglementaire du 31 juillet 1851. Cette délibération était accompagnée d'une décision approbative de M. le Préfet des Bouches-du-Rhône, sous la date du 19 mars dernier, invitant les experts à compléter au plus tôt leur travail dans le sens de la délibération précitée.

Conformément à l'invitation de M. le Sous-Préfet d'Arles, je me suis empressé de porter à la connaissance de mes collègues la délibération du Syndicat et la décision de M. le Préfet. Elles ont fait l'objet entre nous d'une longue conférence, se résumant dans les observations suivantes que j'ai l'honneur, M. le Président, de vous soumettre, en notre nom collectif, en vous priant de vouloir bien en entretenir le Syndicat.

La pensée des experts, exprimée dès le début du cinquième et dernier chapitre de leur rapport, ne paraît pas avoir été bien comprise par le Syndicat. Aussi bien, devons-nous avouer que cette pensée était exprimée d'une façon peut-être un peu vague et sommaire, pouvant donner prise à un malentendu. Il ne s'agissait pas, en effet, pour nous, ainsi que paraît le craindre le Syndicat dans sa délibération précitée, de décliner, en quoi que ce fût, la responsabilité de nos propositions et des applications qui pouvaient en être faites dans la confection de la matrice générale. Seulement nous ne nous étions pas considérés tout d'abord comme personnellement chargés d'effectuer ce dernier travail, opération certainement longue et pénible, mais à coup sûr essentiellement secondaire et matérielle et pouvant être confiée à des agents subalternes, facilement mis au courant, pour opérer suivant le mode indiqué dans le même chapitre du rapport précité. C'est donc sans la moindre hésitation que, pour dissiper toute préoccupation du Syndicat à cet égard, nous nous empressons d'accepter ici, pour le présent et pour l'avenir, la responsabilité la plus entière de notre travail d'expertise. Plus encore, pour nous rendre au vœu exprimé par le Syndicat dans le même ordre d'idées, nous sommes également disposés à suivre personnellement la confection de la matrice générale et à la présenter sous notre nom.

Mais ici, M. le Président, se présente une sérieuse objection qui nous a fait hésiter jusqu'à ce jour. Il s'agit du dépouillement, de la révision et du groupement au nom de chaque propriétaire, de près de 5,000 parcelles, avec calcul et application sur chacune d'elles, de la taxe correspondante à un budget déterminé, suivant la classe à laquelle elle appartient ; et ces opérations, une fois faites pour la dette, doivent être recommencées en entier sur des bases nouvelles pour l'entretien. Les prévisions les plus modérées ne nous font pas estimer à moins de 3,000 fr. la dépense qui en résultera. Une pareille dépense ne paraîtra-t-elle pas au moins prématurée pour un travail effectué sur des bases essentiellement provisoires ? Les experts n'ont certainement pas la prétention de croire leur œuvre inattaquable ; ils s'attendent dès maintenant à des objections et des oppositions sérieuses et respectables, soit contre les principes qu'ils ont cru devoir adopter, soit contre les applications qu'ils en ont faites. Ces objections, ces oppositions, que l'enquête provoquera sûrement, seront de leur part l'objet d'un examen consciencieux, à la suite duquel il n'est pas douteux qu'ils ne soient appelés à modifier spontanément telle ou telle proposition, telle ou telle classification d'ensemble ou de détail. Le Conseil de Préfecture enfin, appelé à statuer en dernier ressort sur les résultats de l'enquête, pourra lui-même prescrire des corrections plus ou moins nombreuses sur les registres de classement. Or, la moindre modification ainsi apportée au travail primitif des experts, nécessitera la révision et la confection complète d'une matrice générale dressée prématurément sur des données qui peuvent être contestées.

En conséquence de ces réflexions, nous avons pensé qu'il serait plus naturel, plus conforme aux vrais intérêts de l'Association, de ne procéder à la confection pénible et coûteuse de la matrice générale, que lorsque ce travail pourrait reposer sur des bases solides et définitives, quand les principes de la classification des experts, après l'épreuve de l'enquête auraient, plus ou moins amendés, reçu la sanction du Conseil de Préfecture.

Au fond, le Syndicat des Vuidanges a surtout en vue maintenant la sincérité et la vulgarisation aussi complète que possible de l'enquête qui va avoir lieu. Il veut, à bon droit, que tous les intéressés grands ou petits, puissent non-seulement comprendre le système de classement proposé par les experts, mais encore apprécier les résultats numériques de l'application de ce classement à chacune de leurs parcelles comprises dans le périmètre de l'Association. Mais il n'est pas nécessaire pour cela de dépenser, dès maintenant, une somme relativement considérable pour la confection d'une matrice provisoire. Déjà les deux registres de classement dressés par les experts, combinés avec 18 grandes feuilles de plans détaillés, donnent les numéros (¹), les bassins et les sections de toutes les parcelles indiquées et doivent permettre assez facilement au plus grand nombre de reconnaître les diverses parcelles cadastrales de leurs propriétés et la situation faite à chacune d'elles dans le classement proposé. Cette reconnaissance pourra encore, sans trop de frais, si le Syndicat en manifeste le désir, être facilitée sur nos registres de classement par l'addition des noms des propriétaires actuels pour chaque parcelle, sous réserve, bien entendu, des mutations qui auraient pu nous échapper et sur lesquelles, d'ailleurs, l'enquête elle-même provoquera des renseignements précieux, lorsqu'il s'agira d'établir les matrices définitives. Rien enfin ne serait plus simple que d'attacher au bureau de l'enquête, un agent spécial mis par les experts au courant de toutes les questions relatives à leur travail, qui fournirait à quiconque le désirerait, tous les renseignements nécessaires et l'aiderait au besoin à faire sur sa propriété nettement définie, les applications numériques dont les règles sont développées dans le chapitre V du rapport d'expertise. Les experts eux-mêmes et surtout l'honorable M. Gautier-Descottes dont l'obligeance et le dévouement sont particulièrement appréciés à Arles, se tiendront volontiers à la disposition des intéressés pendant la durée de l'enquête, pour fournir à chacun les explications et les renseignements qui leur seront demandés.

Si ces propositions étaient acceptées par le Syndicat, il en résulterait, ce nous semble, un avantage réel pour l'Association. Permettez-moi de vous rappeler, M. le Président, que le travail des experts de 1855 a été soumis à l'enquête dans des conditions et sous une forme beaucoup moins complètes sans qu'on ait songé à l'attaquer à cet égard.

Quoiqu'il en soit, mes collègues et moi, nous tenons à l'entière disposition du Syndicat, soit pour compléter dès maintenant, et quelque peine qu'il

(1) Il est bon d'observer que ces numéros sont précisément ceux des sections du cadastre communal maintenus dans le travail des experts. Il n'y a d'exception à cet égard que pour quelques numéros de grandes parcelles de la section E de Fontvielle, représentées sur les cartes numéros 5 *bis* et 6 *bis*, qui ont dû être refaites pour cadrer avec la nouvelle situation des lieux dans ce quartier, grandement modifiée depuis 1827.

puisse nous en coûter, le travail de notre expertise, soit pour y revenir plus sérieusement après que l'enquête et le Conseil de Préfecture auront définitivement prononcé. Nous avons accepté et nous retenons dans toute son étendue la responsabilité de l'honorable mandat qui nous a été confié. Nous ne nous considèrerons donc comme déliés vis-à-vis de l'Association des Vuidanges d'Arles, que lorsque son nouveau cadastre aura été complété par une bonne application matricielle à laquelle nos soins les plus empressés et les plus consciencieux sont, dès maintenant, assurés.

Je suis, M. le Président, l'interprète de mes collègues en vous présentant pour eux et pour moi l'assurance de mes sentiments les plus distingués.

RONDEL.

www.ingramcontent.com/pod-product-compliance
Lightning Source LLC
Chambersburg PA
CBHW072014290326
41934CB00009BA/2079